RED.:

19

MIRE ISO N° 1
NF Z 43-007
AFNOR
Cedex 7 - 92080 PARIS-LA-DÉFENSE

379 89 70
graphicom

0 1 2 3 4 5 6 7 8 9 10

CONGRÈS DES PROFESSEURS

DE

L'ENSEIGNEMENT SECONDAIRE

(22, 23 et 24 Avril 1897).

RAPPORT GÉNÉRAL

PAR

M. Gaston RABAUD,

PROFESSEUR AU LYCÉE CHARLEMAGNE

PARIS

1897

CONGRÈS DES PROFESSEURS

DE

L'ENSEIGNEMENT SECONDAIRE

(22, 23 et 24 Avril 1897).

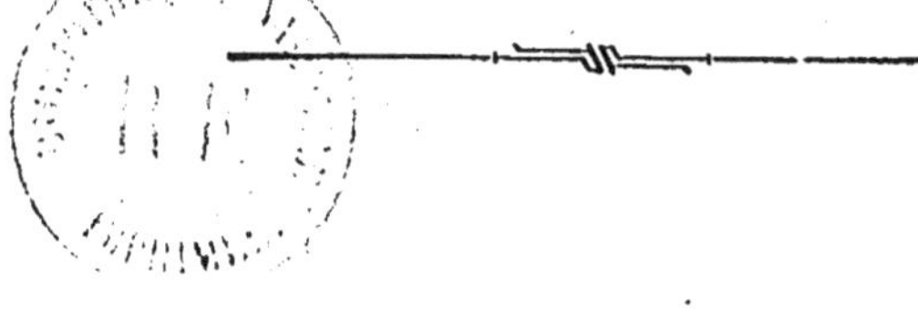

RAPPORT GÉNÉRAL

PAR

M. Gaston RABAUD,

PROFESSEUR AU LYCÉE CHARLEMAGNE

PARIS

—

1897

INTRODUCTION

Le premier Congrès des professeurs de l'Enseignement secondaire public a parfaitement réussi : toute la presse en ayant marqué déjà le succès, notre devoir est d'enregistrer tout d'abord cette vérité.

Nous remercions en même temps tous ceux qui, avec compétence, ont rendu compte de nos travaux : en disant beaucoup de bien de nos assemblées, ils étaient libres d'apprécier les faits ; nous n'avons ici qu'à les exposer et à les faire comprendre.

Aussi est-il nécessaire de remonter à une date un peu antérieure au Congrès pour montrer quel mouvement d'idées a poussé M. le Ministre, à l'autoriser et les professeurs à le réunir.

Bien qu'ils fassent partie d'une très vaste corporation, les professeurs se sont distingués longtemps par un certain esprit d'isolement ou plutôt par le « manque de l'esprit contraire. (1) » Ils avaient bien conscience de ce mal, mais ne tentaient guère d'effort pour en sortir. On semblait se complaire, tout en le blâmant quelquefois, dans cet excès d'individualisme.

Plusieurs faits, nombre de mesures relatives soit aux études, soit au personnel enseignant, avaient acheminé peu à peu ou achevèrent bientôt de préparer les professeurs à sentir ce besoin de solidarité (2).

---

(1). Marion. *L'Éducation dans l'Université*, 1re partie, ch. vii. p. 207.

(2). « La condition des professeurs n'est pas ce qu'elle devrait être. Nous devons travailler à mieux assurer notre situation, à obtenir, avec le respect de nos droits, plus de considération et d'égards. La solidarité, l'esprit de corps demandent à être développés par l'association. Les congés nécessités par la maladie, congés qui sont un droit et non une faveur, doivent être assurés d'indemnités suffisantes ; les retraites réglées d'une manière fixe et humaine, et non soumises à des variations continuelles. L'avancement, les déplacements laissent trop de place à l'arbitraire. Les économies doivent être réalisées par la suppression des fonctions inutiles et non par celle des chaires nécessaires. Chaque lycée formant une sorte de famille, il est juste que les fils des professeurs, sauf le cas de démérite flagrant, soient traités en enfants de la maison et y reçoivent gratuitement l'instruction. » (Circulaire de M. Clairin aux agrégés de grammaire).

Voir *l'Étranger*, 30 Nov. 1896, p. 396: « Instabilité perpétuelle des programmes, modification du régime disciplinaire, suppressions de chaires, absence de courtoisie

En 1895, notamment, à la suite du rapport de M. Delpeuch, député de la Corrèze, sur le budget de l'Instruction publique (1), une circulaire ministérielle (14 Juin), subordonnait au résultat d'un concours l'exonération des frais d'études pour les enfants d'universitaires : c'était la négation d'un droit qui jusqu'alors avait été reconnu et plusieurs fois confirmé par les grands maîtres de l'Université (2).

De respectueuses doléances parties de plusieurs côtés restèrent sans réponse, et c'est alors que l'on espéra tout naturellement être plus écouté si l'on pouvait, en s'unissant, donner à des vœux légitimes toute la force de l'opinion universitaire.

Les moyens dont on disposait pour faire connaître ces vœux étaient inefficaces ou insuffisants. Les assemblées des lycées ou des collèges,

dans les rapports que certains administrateurs entretenaient avec un personnel très jaloux de sa dignité... Les Conseils académiques, le Conseil supérieur lui-même apparaissaient toujours impuissants dès qu'ils sortaient de leurs inoffensives attributions administratives et contentieuses. Telles sont, semble-t-il bien, quelques-unes des raisons profondes qui ont suscité le mouvement. »

Voir Marion, *l'Éducation dans l'Université*, p. 274 et 275 : « C'est donc à bon droit, j'en conviens, que les maîtres et les professeurs ont été un peu blessés des limitations étroites apportées à leur action directe. » — « Il ne faut pas faire difficulté d'avouer que c'est là une mesure de défiance pénible pour ceux qui la subissent. »

Voir le projet de réorganisation du Conseil supérieur de l'Instruction publique par M. Combes : c'était « revenir, ou à peu près, à la loi du 15 Mars 1850 et à la loi de 1873 qui furent combattues dans le temps par tous les républicains et votées par des majorités hostiles à l'Université. » (Rapport complémentaire de M. Chalamet, paru en supplément dans *l'Enseignement secondaire* du 15 Avril 1896). — On n'a pas oublié qu'entre autres mesures le projet de M. Combes réclamait une aggravation des peines disciplinaires et même des pénalités nouvelles contre les professeurs et supprimait l'élection directe de leurs représentants.

Voir Clairin, *Un peu de vérité sur l'Enseignement secondaire*, Paris, Garnier, 1897.

(1). En 1896, le rapporteur du budget de l'Instruction publique a été M. Bouge.

(2). Les circulaires du 17 Janvier 1859 et du 14 Septembre 1863, accordent aux fils des professeurs des lycées des « exemptions de *droit* et hors cadre. »

Voir aussi la circulaire du 9 Juin 1873.

La circulaire du 1er Octobre 1883, rappelant les précédentes, distingue nettement deux catégories parmi les remises hors cadre : « La première section comprend les fils, petits-fils et pupilles à la charge des professeurs; l'exemption est accordée à tous ces élèves *sans examen* et sans distinction de classe. »

Voir en outre la circulaire du 26 Octobre 1886.

La circulaire du 30 Juin 1890 confirme cette décision et dit que l'on inscrira dans la première section (du tableau C), sans conditions d'âge, d'*examen*, ni de classe, les fils et petits-fils des fonctionnaires, etc.

Voir de plus la circulaire du 17 Juin 1891.

La circulaire du 3 Octobre 1893, qui assimile aux professeurs des lycées certains fonctionnaires de l'Enseignement primaire, déclare que, pour les autres fonctionnaires « on ne peut soustraire leurs enfants à la règle du droit commun, c'est-à-dire du concours pour l'obtention des bourses, » ce qui implique forcément que les remises hors cadre sont soustraites à cette règle.

Voir encore les circulaires du 24 Avril 1893 et du 12 Janvier 1894.

Voir le journal *l'Enseignement secondaire*, 1er Novembre 1896, art. de M. Bernès.

En 1897, le Sénat et la Chambre ont adopté la solution proposée par M. le sénateur Barboux dans son rapport sur le budget de l'Instruction publique : « En ce qui touche les fils et filles de professeurs de l'Enseignement secondaire, il ne peut entrer dans l'esprit de personne de porter atteinte à des exemptions qui existent depuis la fondation de l'Université de France; elles continueront à être accordées de droit aux professeurs. »

n'étant pas maîtresses de leur ordre du jour et voyant leurs désirs tenus toujours pour négligeables, sont tombées presque partout en désuétude. Les représentants aux Conseils académiques et au Conseil supérieur n'ont pas le droit d'initiative ; actuellement, ce droit n'est rien ou peu de chose.

De là, chez tous ceux qui étaient las de l'indifférence et de l'isolement, l'idée de se grouper par lycées et par collèges en associations amicales, puis de former une association générale des professeurs de l'enseignement secondaire public.

Ce serait injustice et ingratitude que de ne pas rendre hommage à l'esprit d'initiative et de décision des professeurs du lycée de Bordeaux : ce sont eux qui ont donné à leurs collègues de toute la France l'exemple et le mouvement.

Sans entrer dans des détails qui ne laisseraient pas d'être instructifs et intéressants, mais qui allongeraient ce rapport, nous nous bornerons à rappeler qu'en quelques mois furent fondées cent soixante-quinze associations amicales (1).

Après élection présidée par le bureau d'Angoulême, un Comité central provisoire s'était constitué à Bordeaux et avait rédigé, en se conformant aux désirs de la majorité des groupes locaux, les statuts d'une association générale. Elle aurait eu pour but d'améliorer la situation matérielle et morale du personnel enseignant et d'assurer appui et secours aux universitaires et à leurs familles en cas de malheur. Elle eût été dirigée par un Comité central, chargé de tous les actes d'administration (2).

Une demande d'autorisation fut adressée à M. le Ministre de l'Intérieur le 7 Avril 1896 ; le 16 Avril, elle était transmise à M. le Ministre de l'Instruction publique, dont l'avis devait être prépondérant : un délégué

En effet, cette exonération a toujours été regardée comme un droit absolument justifié : autrefois les traitements des professeurs étaient constitués en partie par un éventuel provenant des frais d'études payés par les externes. En 1872, l'Etat, prenant la moyenne de ces éventuels, les a fait rentrer dans le traitement fixe des professeurs. Or dans le calcul de ces éventuels ne comptaient pas les enfants d'universitaires. La remise dont ils jouissaient, consentie par tous les professeurs, est une sorte d'*obligation continue* qui s'impose à l'Etat.

(1). L'Université de France comprend 345 lycées ou collèges. Il ne serait donc pas exact d'affirmer que c'est une minorité qui s'est éprise de ce moyen d'action pacifique.

(2). Ce Comité ne pouvait avoir le caractère d'un syndicat. Plusieurs personnes, même de celles qui connaissent le mieux les ressources, les finesses et les nuances de notre idiome, ont affecté quelquefois de prendre pour synonymes les mots *association* et *syndicat*. Or le mot syndicat a un sens précis dans la langue et dans la loi française. (Voir l'*Officiel* du 22 Mars 1884 et l'*Annuaire de législation de 1884*, p. 84). L'article 3 de la loi de 1884 est ainsi conçu : « Les syndicats professionnels ont exclusivement pour but l'étude et la défense des intérêts économiques, industriels, commerciaux et agricoles. » Donc, quand ils l'auraient voulu, — et ils ne l'ont pas voulu, — les professeurs n'auraient pas pu former de syndicat.

Mais les vœux des divers établissements étant parfois contradictoires et l'autorité supérieure pouvant alléguer cette raison pour n'en pas tenir compte, il semblait bon qu'un comité central les recueillît, les examinât avec des dispositions bienveillantes et conciliantes pour écarter, avec une autorité douce et ferme, les propositions anormales, chimériques, intempestives, et faire prévaloir les mesures légitimes, pratiques, conformes au bien général.

parisien, le 2 Juillet 1896, alla s'informer, au nom du Comité de Bordeaux, du sort réservé à la requête. M. le Directeur de l'enseignement secondaire, voulant bien le recevoir aussitôt, lui promit qu'une réponse serait faite avant les vacances.

L'audience que le Comité de Bordeaux sollicita au moment des congés du 14 Juillet ne lui fut pas accordée par M. le Ministre. Les grandes vacances passèrent ; la rentrée eut lieu sans que la question eût été tranchée.

Si la section permanente du Conseil supérieur avait été consultée le 30 Juillet (1), nul ne savait officiellement en quel sens elle avait opiné. M. le Ministre n'avait pas encore pris ou communiqué une résolution ferme.

Projet d'association générale, demande d'autorisation, silence prolongé des chefs, ne pouvaient être un secret pour personne. Un député sorti de l'Université, ancien élève de l'École normale supérieure, agrégé de mathématiques, ancien professeur au lycée de Reims, M. Mirman, s'empara, selon son droit, de faits tombés dans le domaine public et, spontanément (2), avertit M. le Ministre de son intention de l'interpeller sur ce sujet. Avant l'interpellation, M. le Ministre crut utile d'entendre ces représentants du Comité central provisoire, qu'il n'avait pu recevoir en Juillet. Le journal l'*Enseignement secondaire* du 1er Décembre 1896 nous informe de cette nouvelle. Par l'intermédiaire de M. Dejean, député des Landes et, lui aussi, ancien professeur, MM. Lacroix et Plésent, de Bordeaux, et deux membres du Conseil supérieur de l'Instruction publique furent mis en présence de M. le Ministre, puis de M. le Président du Conseil. L'article que nous citons ne nous apprend pas ce qui s'est dit dans ces entretiens et il n'a pas été permis au Comité central provisoire de rendre compte, devant le Congrès, de ses négociations.

Le 12 Novembre 1896, interpellé à la Chambre, M. le Ministre prenait l'engagement (3) d'accorder aux professeurs le droit de former une

(1). Voir l'*Officiel* du 13 Novembre 1896.

(2). Voir l'*Officiel* du 13 Novembre 1896, p. 1486 : « …Je n'ai ni reçu ni encore moins sollicité quelque mandat spécial que ce soit. Il ne m'en coûte rien de reconnaître — car c'est, je crois, la vérité — que si en particulier les professeurs des lycées et des collèges avaient cru devoir prier un membre de cette Assemblée de parler en leur nom, ils auraient offert cet honneur à quelque représentant dont les opinions politiques et les aspirations sociales fussent peut-être plus conformes à celles de la majorité d'entre eux. Mais les faits sur lesquels j'ai à m'appuyer sont depuis assez longtemps déjà, il me semble, tombés dans le domaine public. Je m'en empare selon mon droit… »

(3). Voir le *Journal officiel* du 13 Novembre 1896.

M. le Ministre refusait en même temps d'autoriser une Association générale des professeurs de l'Enseignement secondaire. Or il existe depuis 1881 une Société amicale des professeurs élémentaires de Paris et des départements. Aucun professeur n'éprouve de dépit ni de jalousie à la voir durer. Nous sommes heureux qu'elle montre, par un exemple vivant, ce que peut-être et ce que peut faire une Association générale de professeurs.

Il existait aussi, depuis 1882, une Association générale des maîtres répétiteurs : les professeurs lui souhaitaient vitalité et prospérité, après comme avant l'échec de leur demande. Mais cette démarche a produit une conséquence bien inattendue : l'Association des maîtres répétiteurs a été dissoute après les élections sénatoriales.

Société de Secours mutuels et des Sociétés d'études, soit locales, soit régionales, et, sous certaines conditions, de tenir des Congrès, soit régionaux, soit généraux (1).

Le Comité de Bordeaux, communiquant cette déclaration à ses adhérents, ajoutait : « Elle sera prochainement confirmée et complétée, sur quelques points de détails, par une circulaire aux Recteurs (2). »

Cette circulaire n'avait point paru le 25 Janvier. Ce jour-là le Comité de Bordeaux écrivait (3) :

« Lorsque, à la date du 11 Novembre dernier, nous vous avons annoncé comme très prochaine une circulaire ministérielle relative à notre projet d'Association, nous n'avons point parlé à la légère. Nous étions formellement autorisés à nous exprimer comme nous l'avons fait et, pour des raisons de convenance qui n'ont peut-être pas été suffisamment comprises, nous n'avons même pas dit tout ce que nous étions invités à dire. »

Le 30 Janvier, la circulaire ministérielle vint et consacra officiellement le droit d'association reconnu aux professeurs de l'Enseignement secondaire (4).

Fort des promesses officielles faites publiquement (5) par M. le Ministre, en Novembre, le Comité provisoire avait ouvert, — le 25 Janvier 1897, — un scrutin sur ces deux questions :

1° Y a-t-il lieu de convoquer un Congrès général des lycées et des collèges de France?

2° Dans quelle ville et à quelle date se réunira ce Congrès ?

A la première question, la majorité des établissements ayant pris part au vote répondit : *Oui ;* quatre répondirent : *Non.* Pour le second point, la date des vacances de Pâques fut désignée et les voix se répartirent entre Paris et Bordeaux. Nul doute sur les sentiments des électeurs en faveur de Bordeaux qui avait tant de titres à l'estime et à la reconnaissance de tous. S'ils ont opté pour Paris, c'est surtout à cause de sa situation géographique ; les délégués pouvaient s'y rendre plus commodément qu'en toute autre ville, et les démarches y étaient plus faciles au Comité d'organisation.

Le résultat du vote une fois publié, le Comité central provisoire s'est dissous : pendant un an qu'il est resté en charge (du 23 Mars 1896 au

(1). Plusieurs Congrès d'instituteurs avaient eu lieu déjà : « En 1887, Congrès des instituteurs du Nord-Ouest ; en 1889, Congrès national d'instituteurs à Paris ; en 1891, Congrès à Nantes ; en 1895, Congrès au Havre, Congrès à Bordeaux ; en 1896, Congrès de la Ligue d'enseignement à Rouen... c'était un Congrès d'instituteurs. » Cette énumération est de M. le Ministre lui-même (*Officiel* du 13 Novembre, p. 1196, 2ᵐᵉ col.).

(2). Circulaire de Bordeaux, 11 Novembre 1896.

(3). Circulaire de Bordeaux, 25 Janvier 1897.

(4). « Ce document, disait en se séparant le Comité de Bordeaux, diffère sur plusieurs points essentiels de celui qui nous avait été annoncé. Quelles que soient les raisons de ces divergences, que nous ne pouvions prévoir, le texte que nous avons sous les yeux est désormais la loi. »

(5). Devant la Chambre, le 12 Novembre 1896. Voir *Officiel* du 13 Novembre 1896.

16 Mars 1897), il n'a cessé de justifier la confiance qui lui avait été témoignée ; il s'est honoré par son activité, son énergie et sa correction : il a bien mérité de l'Université.

Telle est l'histoire sommaire des faits qui ont précédé et provoqué une autorisation et une tenue de Congrès.

RAPPORT GÉNÉRAL

LA PRÉPARATION DU CONGRÈS

Paris avait été choisi comme le siège du Congrès par la majorité des lycées et collèges qui avaient voté en faveur de cette réunion. En conséquence, le soin de la préparer revint à tous ceux des lycées parisiens qui avaient formé des associations locales : Charlemagne, Lakanal, Louis-le-Grand, Michelet, St-Louis. — Carnot, Montaigne, Rollin et Voltaire ne tardèrent à collaborer avec eux.

Le résultat du vote avait été officiellement connu par une circulaire que la poste avait distribuée le 24 Mars.

Le 28, les représentants des Associations parisiennes avaient composé un Comité préparatoire où M. Lecomte, du lycée St-Louis, faisait fonction de président et M. Rabaud, du lycée Charlemagne, fonction de secrétaire.

Dans la première délibération, « des craintes se manifestèrent sur le peu de temps — à peine un mois — qui était accordé pour cet important travail de préparation (1). » Mais presque tous pensèrent « qu'on ne devait point manquer à la confiance qu'avaient mise en leur activité tant de collègues de province, qu'il fallait redoubler de zèle et ne pas laisser refroidir les bonnes volontés. » On ne se laissa donc pas arrêter par des objections « dont personne cependant ne méconnaissait la valeur; » ceux même qui les avaient présentées eurent la bonne grâce de se ranger à l'avis de leurs collègues et l'on résolut à l'unanimité de se mettre à l'œuvre.

Il s'agissait, tout d'abord, d'obtenir l'autorisation ministérielle. A quelles conditions pouvait-elle être accordée? Le *Journal officiel* du 13

____

(1). Voir *Revue universitaire*, 15 Mai 1897, article de M. Acis.

Novembre 1896 (1) les dénombrait : « que l'ordre du jour soit soumis au
Ministre de l'Instruction publique ; que l'assemblée ne s'immisce pas dans
les détails de l'Administration, dans les questions de mouvements du personnel et autres matières dont la discussion ne lui appartient pas ; enfin
que le Congrès ne s'occupe pas de politique, puisqu'il doit avoir un caractère professionnel. »

On proposa donc de dresser un ordre du jour susceptible d'être agréé.

L'ex-Comité central provisoire de Bordeaux avait demandé à rendre
compte de sa mission, de ses actes et de sa gestion financière : il semblait
que ce fût son droit et lui estimait que c'était son devoir. On inscrivit
cette question.

M. le Ministre ayant dit (2), le 12 Novembre : « J'ai décidé d'accorder
aux professeurs le droit de former une Société de Secours mutuels, » —
et ce droit ne paraissant d'ailleurs contestable à aucune catégorie de
citoyens français, même fonctionnaires, — un autre article du programme
était trouvé.

M. le Ministre avait ajouté : « En second lieu, j'ai décidé d'autoriser
les professeurs à former des sociétés d'études soit locales, soit régionales. »
Et le Comité de marquer ce point.

Enfin le Congrès devant « garder un caractère professionnel, » un des
membres proposa d'y traiter du baccalauréat. On ne manqua pas de
rappeler une circulaire tournée contre les professeurs d'un collège qui
s'étaient mêlés de cette question (3). Mais on fit observer, d'autre part, que
les assemblées de professeurs venaient d'être autorisées à l'examiner ;
témoin la lettre adressée à M. Fournier, membre du Conseil supérieur,
par M. le Directeur de l'Enseignement secondaire (4). En vertu de cette
résolution, la dernière en date, le baccalauréat figura sur l'ordre du jour,
et il faut savoir gré à M. Acis de l'y avoir fait porter, car les débats sur
cette matière ont été des plus intéressants dans le Congrès et ont eu le
plus de retentissement dans le public.

Chacune des trois questions devait d'ailleurs être étudiée tout particulièrement par un ou plusieurs professeurs de la province ou de Paris,
pour que la discussion en pût être à la fois plus complète, plus rapide et
plus précise.

Ce programme restreint, — compte rendu des opérations du Comité de
Bordeaux, — société de secours, associations régionales, baccalauréat,
— suffisait pour une durée de trois jours, et le Congrès ne pouvait, sans
inconvénients de fatigue ou de dépenses pour les délégués, se prolonger
davantage.

(1). Page 1195, 2me colonne.
(2). Voir *Officiel* du 13 Novembre 1896, p. 1195, 2me colonne.
(3). Voir circulaire du 3 Février 1897.
(4). *L'Enseignement secondaire* du 15 Mars 1897.

D'accord sur tous ces points, les membres du Comité adressèrent directement à M. le Ministre une demande en autorisation de Congrès pour les 22, 23 et 24 Avril et soumirent à son approbation l'ordre du jour convenu. Sans délai, ils informèrent de cette démarche les lycées et les collèges et les invitèrent, le temps pressant, à désigner à l'avance leurs délégués. Des réductions de prix étaient demandées pour ces derniers aux Compagnies de chemins de fer.

Des adhésions nombreuses se joignirent vite à celles des établissements qui avaient voté pour le Congrès. Aussi, un peu inquiet de ne pas recevoir de réponse de M. le Ministre, le Comité s'empressa-t-il, le 3 Avril, de solliciter une audience pour le jeudi 8.

Le 7 Avril, à 9 heures du soir, une estafette portait à M. Lecomte une note de convocation pour le lendemain matin, chez M. le Vice-Recteur de l'Académie de Paris.

Prévenir à temps les membres du Comité, fort dispersés dans Paris ou hors Paris, ce n'était point chose aisée. Mais la bonne volonté triomphe des distances et le lendemain, à l'heure marquée, le Comité se présentait chez M. le Vice-Recteur, qui lui communiquait officiellement la décision ministérielle.

M. le Ministre faisait observer que la demande aurait dû lui parvenir par l'intermédiaire de M. le Vice-Recteur. Les membres du Comité répondirent que, représentant des professeurs de toute la France et non de la seule Académie de Paris, ils avaient cru devoir, pour ce motif, s'adresser directement au grand maître de l'Université. M. le Vice-Recteur, sans insister, les engagea à suivre à l'avenir la voie qui leur était tracée. Pour l'avenir aussi, il était recommandé aux professeurs prenant l'initiative d'un Congrès de faire approuver l'ordre du jour par M. le Ministre avant d'entrer en rapports avec les professeurs des autres établissements et de solliciter leur adhésion.

M. le Ministre prescrivait de « faire disparaître absolument de l'ordre du jour » le compte rendu des travaux et de la gestion du Comité central provisoire de Bordeaux. De respectueuses instances pour le maintien de cet article furent inutiles.

Il était enfin spécifié que les Associations locales ou régionales doivent être constituées « en vue d'études exclusivement pédagogiques, littéraires ou scientifiques, à l'exclusion de questions d'intérêt professionnel. »

Sous ces réserves et sans préjudice d'ailleurs des autres conditions énoncées dans les déclarations faites à la Chambre des Députés et dans la circulaire du 30 Janvier 1897, le Congrès était autorisé par lettre ministérielle du 7, communiquée le 8. Le soir même du 8, le Comité s'occupait de convoquer pour les 22, 23 et 24 Avril les professeurs des lycées et des collèges, — d'abord ceux dont il connaissait déjà l'adhésion (1), — et il indiquait les règles générales de la tenue du Congrès.

Tous les établissements avaient été consultés sur l'opportunité de cette Assemblée, tous n'avaient pas répondu : il fallait donc se préoccuper surtout de ceux qui, approuvant le projet, voulaient se faire représenter. Si l'on était prêt à laisser tout professeur assister et participer aux discussions, il semblait que le droit de vote dût rester réservé aux délégués. Chacun d'eux disposerait d'un suffrage par dizaine ou fraction de dizaine d'électeurs représentés par lui. Il suffirait, pour être admis à voter, d'avoir envoyé ou de présenter un mandat écrit de délégation signé du bureau de l'Association locale. La circulaire du 8 Avril fut donc rédigée dans ce sens.

Un peu plus tard, toujours désireux de respecter le droit de tous et de chacun, et s'inspirant des observations de ses correspondants, le Comité eut souci d'élargir la règle qu'il avait d'abord fixée : il était équitable sans doute que les délégués eussent, dans les délibérations et les votes, une influence proportionnée au nombre d'électeurs représentés, mais l'était-il de n'en donner aucune à des professeurs isolés, n'ayant pu se rattacher à nulle association amicale ou appartenant à la minorité d'un groupe représenté? Le Comité résolut donc d'accorder droit de vote à tous les professeurs présents au Congrès et de s'arrêter au principe suivant : les délégués auront autant de fois dix voix qu'ils représentent de dizaines ou de fractions de dizaine d'électeurs ; les non-délégués, membres ou non d'un groupe représenté, ne disposeront chacun que de leur propre voix, d'un suffrage simple et unique.

Puis le Comité règle de son mieux, en chacune de ses séances qu'il multiplie, les autres détails d'organisation.

M. le Vice-Recteur de l'Académie de Paris a l'obligeance de prêter pour le Congrès une salle de la Faculté de Droit.

Des commissaires de bonne volonté se chargent du contrôle à l'entrée.

Les portes seront ouvertes le 22, à 10 heures du matin.

Une carte personnelle sera remise à chaque membre, blanche aux délégués, rouge aux non-délégués.

Seront admis tous les professeurs des lycées et des collèges qui justifieront de leur identité et les professeurs de l'École alsacienne, de Ste-Barbe, de Stanislas et de Chaptal, qui sont classés dans le personnel enseignant de l'Enseignement secondaire public et portés au tableau d'ancienneté.

Les représentants de la presse recevront des communications ou assisteront aux séances, si tel est leur désir, et sauf opposition du bureau définitif.

---

(1). Le 10, une communication fut envoyée à l'agence Havas : les professeurs qui n'avaient pas reçu de convocation étaient priés de considérer cet avis comme en tenant lieu.

Le bureau provisoire sera présidé par M. Sévrette, doyen d'âge, assisté de MM. Lecomte et Rabaud.

Le bureau définitif se composera d'un Président, trois Vice-Présidents, quatre Secrétaires : la province et Paris, les collèges et les lycées y seront représentés.

On ne parlera qu'à la tribune.

Toute motion étrangère à l'ordre du jour sera écartée par la question préalable ou renvoyée à la Commission qui sera chargée de préparer le prochain Congrès.

On votera au moyen de trois sortes de bulletins : bleus, signifiant *oui ;* rouges, signifiant *non;* blancs, signifiant *abstention;* — tous bulletins marqués du chiffre 10 pour les délégués, du chiffre 1 pour les non-délégués.

Pour le cas de vote à mains levées, il importera de réserver aux délégués une place distincte, sinon il serait difficile d'être vite au clair sur le sens du vote.

Les projets relatifs aux trois questions du programme seront étudiés, le premier jour, en trois Commissions où se feront inscrire, à leur choix, les membres du Congrès et dont les rapports seront discutés en séance plénière les jours suivants.

MM. Monin et Weil veulent bien se charger d'organiser un banquet qui aura lieu le soir du 24 Avril, par souscriptions, après la clôture du Congrès.

Voilà pour la tâche, voilà pour les décisions du Comité préparatoire.

Les Compagnies de chemins de fer s'étaient accordées à n'accorder rien (1). Seule la Compagnie transatlantique consentait à une diminution de 30 0/0 pour la traversée d'Alger à Marseille. Aucune facilité de voyage n'était donnée par personne (2).

Ajoutez qu'une circulaire partie le 9 Avril des bureaux de l'Administration supérieure passait, aux yeux de quelques-uns, pour un obstacle à l'exercice d'une liberté concédée le 7.

Désireux de travailler avec désintéressement au bien commun et se fiant à la loyauté de ses chefs, le personnel enseignant n'a pas laissé de prendre part au Congrès autorisé par M. le Ministre.

A la veille du Congrès, le Comité avait reçu l'adhésion de cent neuf établissements : quarante-huit collèges et soixante et un lycées.

Quelques collèges se cotisaient pour envoyer, à frais communs, des représentants.

---

(1). Nous espérons que l'an prochain elles mettront la même entente à se montrer plus généreuses.

(2). Les instituteurs — et nous nous en réjouissons sincèrement pour eux, — ont été mieux partagés lors de leur Congrès de 1896. Voir *Officiel* du 13 Novembre 1896, p. 1496, 2ᵉ colonne, discours de M. Rambaud : « *Nous avons facilité par tous les moyens en notre pouvoir le voyage des instituteurs et leur réunion dans ce Congrès.* »

Cent soixante-sept délégués étaient annoncés : quarante-trois professeurs de collège et cent vingt-quatre professeurs de lycée.

Si l'on fait le compte des électeurs de ces délégués et si l'on y ajoute le nombre des professeurs « isolés » qui, à titre personnel, ont assisté aux séances, on trouve que le Congrès représentait au total deux mille cent trente-sept professeurs.

Ces chiffres prouvent que les appels du Comité de Bordeaux, puis du Comité de Paris n'avaient pas été vains, que les professeurs avaient saisi l'importance de ce premier Congrès où, en s'occupant du bien commun, en délibérant sur des questions d'ordre à la fois élevé et pratique, ils allaient « prendre contact et fortifier leur solidarité (3). »

(3). Circulaire du Comité préparatoire, 8 Avril 1897.

LE CONGRÈS

PREMIÈRE JOURNÉE

La matinée.

Le Jeudi 22 Avril, à 10 heures du matin, un des vastes amphithéâtres de la Faculté de droit se remplit de professeurs venus de toutes les régions de la France, de Bordeaux à Épinal, de Lille à Perpignan, de Vannes à Lyon et Marseille, d'Annecy à la Roche-sur-Yon.

Dans la plus large travée, en face de la haute et longue chaire : les délégués ; sur les côtés, d'une part les professeurs non-délégués ; d'autre part, la presse. Trois cents personnes environ sont présentes.

Au bureau, M. Sévrette, professeur au lycée Louis-le-Grand, assisté de M. Lecomte, du lycée Saint-Louis et de M. Rabaud, du lycée Charlemagne.

A 10 heures 20, M. le Président déclare ouvert le premier Congrès des professeurs de l'Enseignement secondaire public de France et prononce une courte allocution qui est fort applaudie ; c'est qu'on ne fait pas seulement honneur à un âge que ce doyen de grande mine porte si allègrement ; on se plaît à donner ainsi des marques d'estime personnelle pour ce bon serviteur de la République qu'il aime si sincèrement et qu'il n'a eu garde d'oublier en s'adressant à des fonctionnaires de l'État républicain. Après avoir remercié, comme il convenait, M. le Ministre, après avoir coulé discrètement le conseil de faire preuve de bon sens et de modération, d'étudier les questions avec la bonne volonté d'aboutir à des résultats pratiques et durables, M. Sévrette exprime la gratitude de l'Assemblée envers ceux « qui ont pris l'initiative d'éveiller l'esprit de solidarité dans le corps universitaire. »

Les regards, les signes d'approbation, les bravos montrent que ces paroles sont comprises, que tous les cœurs sont à l'unisson et que la reconnaissance ne se trompe pas d'adresse.

C'est ce qui apparaît bien aussi quand il est procédé à l'élection du bureau définitif. Aussitôt prononcé, le nom de M. Lacroix (1) est répété par tous et cette acclamation générale confère l'honneur de présider le

(1). M. Lacroix est professeur honoraire au lycée de Bordeaux ; il a été mis d'office à la retraite au mois de Juillet 1896.

Congrès à celui qui a été toute une année l'âme du corps enseignant, qui en personnifie les qualités traditionnelles d'indépendance et de dignité, qui s'est concilié à la fois le respect, la confiance et l'affection de ses collègues du nord ou du midi et qui a été préparé à sa mission présente par l'exercice difficile d'une présidence provisoire.

Son discours, d'une éloquente concision, est accueilli avec enthousiasme ; il y rappelle l'attitude correcte et ferme dont les promoteurs des Associations et du Congrès ne sont jamais départis et il promet de prouver, en la gardant, « que les concessions dues à la haute bienveillance de M. le Ministre n'offrent aucun danger » et même que les universitaires sont « gens à en utiliser de plus considérables sans péril pour la chose publique. »

Déjà tous les auditeurs sentent leur solidarité se fortifier « en applaudissant à cette parole nette, tour à tour insinuante et coupante, dont la précision s'aiguisait encore de la vivacité malicieuse des yeux clairs ; (1) » en voyant à cette place un homme qui, ayant le droit de se reposer désormais, veut consacrer toujours sa vigueur et son ardeur aux intérêts de l'Université.

Le désir, le besoin de l'union se marque par le choix des autres membres du bureau. Sont élus Vice-Présidents : M. Lecomte, professeur d'histoire naturelle au lycée Saint-Louis ; M. Baillet, professeur de rhétorique au lycée d'Angoulême (2) ; M. Bourgoin, professeur d'anglais au collège de Blois. — Secrétaires : M. Griess, professeur de mathématiques au lycée Charlemagne, ancien professeur au lycée d'Alger et représentant ce dernier lycée ; M. Santiaggi, professeur de rhétorique au lycée de Chartres ; M. Pillet, professeur de mathématiques au collège de Bayeux ; M. Chassériaux, professeur de philosophie au collège de Vannes, et plus tard, vu la nécessité d'un cinquième Secrétaire, M. Castel, professeur de philosophie au collège d'Arles.

Ainsi régions différentes, collèges et lycées, province, Paris, colonies, sont représentés dans le Bureau (3).

Le Secrétaire du Comité organisateur a indiqué au début de la séance quel serait le mode de votation. L'extension du droit de vote à tous les professeurs présents a semblé conforme au vœu général comme à la justice (4) ; cependant un délégué de Grenoble proteste contre cette mesure.

(1). *L'Enseignement secondaire*, 15 Mai 1897, p. 158.

(2). Le premier après Bordeaux qui eut formé une Association amicale.

(3). M. Lacroix, Président, était délégué de huit collèges aussi bien que de trois lycées.

(4). « Si le Congrès veut faire acte de bonne politique, il étendra le droit de vote à tous les professeurs présents. » (Lettre de M. Barthélemy, publiée dans l'*Enseignement secondaire* du 15 Juin 1897, p. 203.)

« Tous les professeurs qui le voudraient devraient pouvoir participer aux travaux du Congrès et à tous les votes, » nous écrivait un délégué d'un lycée de province.

« Que faites-vous des adhérents individuels ? » nous demandait-on de Paris.

Ainsi de toute part, même avis était donné.

Comme les délégués seuls, aux termes de la circulaire du 8 Avril, étaient admis à voter, il insiste sur la nécessité de s'en tenir à cette convention. — Or, il a été tout à fait impossible, les vacances de Pâques ayant commencé le 14 Avril, d'annoncer le changement qui s'est imposé. Le Congrès reste toujours maître de modifier ou de rompre la règle établie par les organisateurs.

La discussion s'engage sur ce point et finalement sont adoptées les dispositions du Comité : en séance, chaque délégué aura autant de fois dix voix qu'il représente de dizaines ou de fractions de dizaine d'électeurs ; chaque professeur isolé n'aura qu'une voix. Mais on décide qu'en Commission, chaque membre, délégué ou non, n'aura qu'un suffrage.

On n'oublie pas qu'on n'est point venu pour discourir, mais pour « faire bonne et prompte besogne. » On a retenu les conseils du Ministre, qui compte sur le bon esprit des promoteurs du Congrès et de ses adhérents ; on veut faire en sorte « que l'assemblée ne se laisse entraîner dans ses discussions, ses délibérations et ses votes à aucune manifestation contraire au respect des règlements et de la discipline, et que cette liberté nouvelle accordée aux professeurs serve à la fois les intérêts généraux et le bon renom de l'Université (1). » On apporte ici, selon les sages et justes paroles du Président, « non des théories abstraites, » mais « la connaissance pratique des difficultés, l'expérience collective de l'Enseignement secondaire. »

Aussi s'empresse-t-on de s'inscrire, chacun selon ses préférences et ses aptitudes, pour les Commissions qui doivent travailler dans l'après-midi, et l'on quitte la Place du Panthéon à 11 heures 1/2 (2).

L'après-midi du 22.

À 2 heures, on s'y retrouve et les trois Commissions sont formées : dans la première (associations régionales), est nommé Président M. Dontenville, professeur d'histoire au lycée de Lyon, et rapporteur M. Plésent, professeur de rhétorique au lycée de Bordeaux ; dans la seconde (baccalauréat), Président, M. Clairin, professeur au lycée Montaigne, membre du Conseil supérieur de l'Instruction publique ; rapporteur, M. Chassériaux, professeur au collège de Vannes ; dans la troisième (secours mutuels), Président, M. Charpentier, professeur au lycée Louis-le-Grand, membre du Conseil supérieur de l'Instruction publique ; rapporteur, M. Geudre, professeur au collège d'Auxerre. Partout, débats intéressants,

------

(1). Lettre d'autorisation du 7 Avril, lue à l'ouverture par le Secrétaire du Comité d'organisation.

(2). Il est de notre devoir de remercier M. le Doyen et M. le Secrétaire de la Faculté de Droit, qui ont bien voulu nous laisser occuper autant de salles qu'il y avait de Commissions séparées et mettre à notre service deux appariteurs.

dirigés avec autorité. Partout, projets et vœux sérieusement préparés, résumés avec force et clarté.

C'est ce qu'ont démontré les réunions des jours suivants.

Dans cet après-midi du 22, les membres du Bureau ont rendu visite à M. le Ministre, à M. le Directeur de l'Enseignement secondaire, à M. le Vice-Recteur de l'Académie de Paris.

DEUXIÈME JOURNÉE

Matinée du 23 Avril.

Le 23 Avril, la séance est ouverte à 9 heures 1/4 du matin. M. Lacroix préside, assisté de M. Baillet, professeur au lycée d'Angoulême et de M. Bourgoin, professeur au collège de Blois (1).

L'ordre du jour appelle la lecture et la discussion du rapport sur les Associations régionales.

Leur objet. — M. Plésent met en relief leur importance : elles sont destinées à « introduire quelque méthode dans nos travaux et le minimum de cohésion dans nos efforts, » à faciliter l'échange des idées et les relations des professeurs entre eux, à développer « l'esprit de solidarité sans nuire à l'esprit d'indépendance, » à « coordonner les aspirations des Assemblées locales. »

(1). Au début de la séance, un professeur du collège de Sedan, M. Barthélemy, demande la parole pour faire une motion. L'Assemblée réclame l'ordre du jour.

Il s'agissait, comme M. Barthélemy l'a fait savoir aux lecteurs du *Temps* (25 Avril) et de l'*Enseignement secondaire* (15 Juin), de lire une lettre qu'il avait adressée au Président du Comité d'organisation pour être communiquée au Congrès « au début de la 1re séance. » L'ordre du jour, la composition du bureau et le mode de votation ayant été réglés, le Comité n'avait pas cru devoir faire cette communication. En effet, sur plusieurs points on avait donné *d'avance* satisfaction à M. Barthélemy. Il souhaitait que le Congrès reconnût « le droit de vote, dans tous les scrutins, à chacun des professeurs présents occupant une chaire de lycée ou collège communal. » C'était chose décidée. — Il suggérait l'idée de former le bureau « d'un égal nombre de professeurs de lycées et collèges ; » on n'avait pas attendu ce conseil pour fixer une proportion équitable. De fait, le Président a représenté 8 collèges ; un Vice-Président et trois Secrétaires ont été choisis parmi les professeurs de collège. Il est vrai aussi que M. B. avançait cette proposition : le Congrès « reconnaissant une opposition sérieuse d'intérêts entre les deux groupes d'établissements secondaires, à propos de certaines questions d'ordre général, » divisera, sur demande d'un seul membre, le scrutin en : 1re section des lycées, 2e section des collèges. — Cette proposition avait paru au Comité inopportune à présenter « dans un Congrès dont la raison d'être était de manifester et de fortifier l'union. »

Voir l'*Enseignement secondaire* du 15 Juin 1897 : « c'était proprement dire : le Congrès reconnaissant qu'il n'a pas lieu de se réunir. »

M. B. a écrit (ibid.) qu'il n'y avait pas dix professeurs de collège présents dans le Congrès. Délégués ou non-délégués, ils y ont été au nombre de cinquante-trois, dont les noms se trouvent sur les listes de présence.

M. le Ministre leur impose la condition formelle de se borner à des études « d'un caractère littéraire, scientifique ou pédagogique (1). »

Limites des régions. — Si leur objet est défini d'office, leurs limites ne le sont pas : région signifie grande étendue de pays ou quelquefois, dans le langage de l'Administration française, « une étendue de territoire comprenant plusieurs départements (2). » Les Académies sont des divisions territoriales de l'Université de France, dirigées par des recteurs. Région et Académie ne sont pas synonymes. Quand M. le Ministre a parlé d'Associations régionales (3), il n'a donc pas entendu enfermer chacune dans le cadre d'une Académie. Il est souhaitable en effet de ne pas morceler l'activité collective en les multipliant trop. D'autre part « faut-il écarter absolument toute division administrative et s'en tenir à quatre grandes régions ? » Mais ce système n'aurait « aucune chance d'être agréé par l'autorité supérieure, et, fût-il accepté, l'application soulèverait nombre de difficultés. La Commission propose donc de « réunir plusieurs Académies en une seule région dont le centre pourrait se déplacer tout en restant fixé pour une période suffisamment longue. Ce mode de groupement... également éloigné de la dispersion excessive et de la centralisation compromettante, concilie la stabilité nécessaire des cadres avec une certaine élasticité qui sera une garantie d'indépendance pour les Association locales. Les frontières étant nettes, il n'y a pas à craindre de dislocations ; le centre étant variable, la direction du mouvement ira d'elle-même aux plus actifs et aux plus sages (4). »

La Commission voit donc avantage à réunir « tantôt deux, tantôt trois Académies, selon l'importance du ressort, la situation géographique et le plus ou moins de facilité des communications. » Elle propose en conséquence le groupement suivant :

Régions.	Académies.	Régions.	Académies.
Première	Lille-Paris.	Cinquième ..	Aix-Montpellier.
Deuxième	Caen-Rennes.	Sixième	Chambéry-Grenoble-Lyon.
Troisième	Clermont-Poitiers.	Septième ..	Besançon-Dijon-Nancy.
Quatrième	Bordeaux-Toulouse.	Huitième....	Alger (Colonies).

Plusieurs des assistants font des observations à ce sujet. Des professeurs du département du Nord allèguent une différence d'intérêts entre les Académies de Lille et de Paris : on répond que celle de Lille est assez importante pour n'avoir pas à souffrir d'une alliance avec celle de Paris : il est question de collaborer et non de primer.

(1). Voir l'*Étranger*, 30 Juin 1897, p. 226, article de M. K. A. Martin Hartmann : L'Association des professeurs de l'Enseignement secondaire de Saxe s'occupe de toutes les questions « intéressant le corps entier des professeurs. — Les questions d'ordre matériel ont tenu une place considérable dans ces dernières années. » Quant aux ordres du jour « personne ne songe à les soumettre à l'approbation des autorités, qui, du reste, n'ont jamais demandé qu'ils leur fussent soumis. »

(2). *Dictionnaire de l'Académie*, dernière édition, 1878.

(3). *Journal officiel* du 13 Novembre 1896 et du 1er Février 1897.

(4). Rapport de M. Plésent.

L'union des Académies de Lille et de Nancy, que quelqu'un propose, est reconnue impraticable.

Former une Association régionale du Nord avec les seuls lycées et collèges de l'Académie de Lille, ce serait déroger au principe que le Congrès a dessein d'appliquer par la jonction de deux ou trois Académies. Les délégués de l'Académie de Lille déclarent d'ailleurs qu'ils mettent l'intérêt général au-dessus de l'intérêt particulier de leur région.

M. Bardot, de Grenoble, estime « que ce n'est peut-être pas une bonne méthode que de travailler à organiser des Associations régionales avant d'être assuré de la constitution de solides et sérieuses Associations locales. » Le rapporteur fait entendre que l'on n'a pas à s'occuper des Associations locales, mais uniquement des Associations régionales.

M. Bardot demande que du moins le Congrès ne propose qu'à titre d'indications les groupements déterminés dans le rapport ; mais cette proposition est retirée quand M. Marcel Bernès, du lycée de Montpellier, dépose un projet de résolution dont voici l'esprit : à vouloir fixer d'autorité certains cadres, on risque de nuire à la création des Associations régionales ; elles ne seront vraiment fortes et utiles que si elles se forment librement par l'action propre des groupes locaux. Le Congrès devrait donc : 1º n'émettre aucun vote sur les conclusions détaillées du rapport de la Commission ; 2º les retenir comme de simples indications en vue de groupements régionaux, désirables à tous égards.

Ce projet n'est pas pris en considération. L'Assemblée adopte celui de la Commission.

*
* *

Sont acceptés aussi les articles relatifs au mode de recrutement, à la direction et à l'administration des Associations régionales, à leur fonctionnement, ce dernier avec une légère correction (1).

Recrutement. — Les Associations régionales seront ouvertes à tous les professeurs de l'Enseignement secondaire public, qu'ils soient en exercice, en congé soumis à la retenue ou en retraite.

Direction et Administration. — La direction de chaque Association sera confiée à un Comité, distinct autant que possible du bureau de l'Association locale. Chaque Association régionale fixe le nombre des membres de son Comité et la durée de leurs pouvoirs. Pour le mode d'élection, le rapporteur recommande le plus rationnel : un premier scrutin désigne l'établissement qui sera, pour un temps donné, le siège de l'Association régionale. Les professeurs de cet établissement élisent parmi eux les membres du Comité. Mais un certain nombre de places est réservé

(1). Nous nous retranchons à extraire textuellement du rapport les propositions fermes sur lesquelles l'Assemblée a dû se prononcer.

dans le Comité aux sections locales du ressort. Seul, un bureau constituant la majorité est en permanence au siège de l'Association. Il est chargé de la besogne courante et ne convoque l'ensemble du Comité qu'à titre exceptionnel ou pour certaines réunions périodiques.

Les élus sont rééligibles. Le principe du renouvellement partiel assurera aux membres du Comité le bénéfice de l'expérience acquise et maintiendra parmi eux un certain esprit de suite.

Fonctionnement. — Quand des Congrès régionaux sont organisés, suivant les conditions prescrites par la circulaire du 30 Janvier 1897, le Comité, d'accord avec les Associations locales, en fixe la date et en publie l'ordre du jour, préalablement soumis au Ministre, assez longtemps à l'avance pour qu'il soit loisible à chacun de l'étudier. Il comprendra : 1° Le compte rendu de la gestion morale et matérielle du Comité ou des Comités régionaux depuis le dernier Congrès régional ; 2° Des questions locales ; 3° Des questions d'ordre général. Le vote par correspondance sera admis.

Il est indispensable que chaque Association régionale rédige un bulletin de ses actes et de ses travaux.

Le Président de chaque Association régionale est de droit membre du Congrès général, sans préjudice de la représentation locale de l'établissement auquel il appartient. En cas d'absence, il est tenu de se faire représenter ; il se met en rapport avec la Commission chargée de préparer le Congrès général ; il lui transmet les cotisations, fait parvenir les convocations, assure l'étude des questions à l'ordre du jour, centralise les rapports, sert en un mot d'intermédiaire entre la Commission et les établissements isolés.

Le droit d'initiative en vue du Congrès général appartient à la fois aux Associations locales et régionales et au Comité organisateur.

Mais comment communiqueront Associations et Commission du Congrès général ? Ici la procédure préconisée par le rapport a été modifiée par l'Assemblée.

Le rapporteur trouvait avantage à faire passer les propositions par le Comité régional. L'Assemblée préfère un amendement rédigé par M. Malapert, professeur de philosophie au collège Rollin et conçu en ces termes :

« Les Associations locales communiquent avec la Commission organisatrice du Congrès, soit directement, soit par l'intermédiaire de l'Association régionale. »

Mais rien de changé aux conclusions sur le budget des Associations régionales et sur quelques questions accessoires.

Budget. — Chaque adhérent paiera une cotisation de 2 francs par an, dont il reviendra 1 fr. 50 à la caisse régionale et 0 fr. 50 au Congrès.

Questions accessoires. — Tout associé qui, à plusieurs reprises, aura négligé d'acquitter sa cotisation sera considéré comme démissionnaire.

La polémique politique ou religieuse et en général toutes les questions étrangères à l'objet direct et avéré de l'Association sont rigoureusement interdites.

Vote final. — Chacun de ces articles séparément ayant été examiné, approuvé et voté, un vote a lieu sur l'ensemble du rapport qui est adopté avec l'amendement de M. Malapert.

M. Plésent a rédigé une véritable constitution pédagogique pour les Associations régionales ; si leur organisation n'est entravée par aucun obstacle imprévu, c'est à lui que reviendront le mérite et l'honneur de les avoir fondées ; ses collègues savent d'ailleurs quelle persévérante activité il a mise au service de l'idée d'association.

Après-midi du 23 Avril.

La séance du soir, présidée par M. Lecomte, est consacrée à la question du baccalauréat.

M. Chassériaux, dans un rapport très net et très précis, expose les résultats du travail de la Commission : la discussion, très méthodiquement conduite par le Président, M. Clairin, a porté sur le maintien ou la suppression du baccalauréat, sur la composition du jury d'examen, le livret scolaire, les épreuves.

L'assemblée à son tour délibère successivement sur chacun de ces points.

Principe du baccalauréat. — Elle est d'avis de conserver le baccalauréat. — La nécessité d'un examen terminal est reconnue de tous. « Des études sans contrôle courraient grand risque d'être des études sans valeur (1). » Un simple certificat de scolarité délivré par les chefs d'établissement ne présenterait pas de suffisantes garanties de bonnes études. — A l'entrée des administrations, des grandes écoles, de toutes les carrières, ne manqueraient pas d'être institués des examens attestant chez les candidats, ou un fonds de savoir général, ou des connaissances spéciales : dans le premier cas, le baccalauréat serait rétabli sous une autre forme et devant un jury dont la distinction n'assurerait pas la compétence ; dans le second cas, beaucoup d'élèves, pour se livrer à une préparation tout étroite et directe d'épreuves professionnelles, abandonneraient lycées et collèges, ou ces établissements, « se réglant sur la demande, (2) » vi-

(1). *Bulletin de l'Instruction publique*, 1885, p. 1449. Mémoire présenté au Conseil académique de Paris, par M. Gréard.

(2). Ibid. p. 1451 : « L'industrialisme y trouverait peut-être un moyen de fortune. Ce serait assurément la ruine des études. Les administrations ne tarderaient pas à reconnaître elles-mêmes les périls d'un recrutement fait sans autre garantie que celle des exigences de métier. Mais l'épreuve, si peu de temps qu'elle durât, suffirait pour provoquer l'abaissement intellectuel du pays et semer des germes de désorganiseraient moins à cultiver l'esprit qu'à le munir vite de notions techniques.

L'assemblée, consultée, vote à mains levées et presque à l'unanimité le principe du maintien du baccalauréat.

****

Jury. — Cet examen est confié actuellement au personnel de l'Enseignement supérieur, professeurs titulaires, adjoints ou chargés de cours et maîtres de conférences : c'est par exception que siègent avec eux, à Paris, par exemple, quelques professeurs de lycée.

Les Facultés se plaignent de la peine que leur cause et du temps que leur fait perdre cette charge ; cependant, elles ne voudraient pour beaucoup en être soulagées. « Ne se montrent-elles pas trop peu justes envers elles-mêmes lorsqu'elles attachent aux examens du baccalauréat une part si considérable de l'autorité dont elles jouissent?... (1) »

« ... La question, d'ailleurs, est de savoir si cet office.., ne peut-être aussi bien rempli par d'autres (2). »

Les Facultés se doivent à la Science ; chaque maître la fait avancer d'autant plus qu'il applique plus exclusivement ses efforts à un système spécial de recherches et d'études. Plusieurs de ces savants jugent les questions d'Enseignement secondaire d'ordre inférieur, n'ont cure de saisir l'esprit du plan d'études ni d'accommoder les sujets de compositions, les textes de versions, les interrogations au caractère des programmes et à la nature des exercices de la classe. Plusieurs, avant de former des étudiants, n'ont jamais enseigné d'élèves. D'autres n'ont fait que traverser l'Enseignement secondaire ou en sont sortis depuis longtemps. De là, souvent, la méconnaissance des degrés dans la difficulté, des erreurs d'appréciation, une extrême indulgence ou une extrême sévérité (3). « Il ne saurait suf-,

sation sociale. Dans cette Babel d'examens ajustés aux besoins des moindres carrières, que deviendrait la communauté des idées générales, puisées aux larges sources, qui fait la cohésion morale et l'unité patriotique d'une nation ? »

Voir *Enquêtes et Documents sur l'Enseignement supérieur*, tome XVIII, p. 685. « Établir des examens spéciaux à l'entrée des facultés et des carrières publiques, ce serait ruiner toute culture générale et désintéressée, isoler de plus en plus les esprits en leur enlevant toute communauté d'éducation. (Opinion de M. Séailles, aujourd'hui professeur à la Sorbonne). »

(1). *Bulletin de l'Instruction publique*, 1885, p. 1549. Mémoire de M. Gréard.

(2). Pour l'expression de ces idées, nous empruntons les termes mêmes de M. Gréard.

(3). Voir *Enquêtes et documents relatifs à l'Enseignement supérieur*, t. XVIII. Baccalauréat. — La Faculté des Lettres de Besançon, p. 49, parle de « plaintes qui se sont élevées dans ces derniers temps contre certains professeurs de faculté que la nature même de leurs connaissances porte à se montrer trop exigeants sur un point spécial, ou qui n'ont pas acquis, dans des relations suffisamment prolongées avec la jeunesse, l'art de la connaître, de la guider dans le travail d'esprit qu'un examen comporte et de bien prendre sa mesure. »

Voir *Enquêtes, etc.*, p. 694 : « Dans l'Enseignement supérieur, la division des études ou, si l'on veut, la spécialité, est bien plus tranchée que dans l'Enseignement secondaire. Par exemple, il peut arriver — en fait il arrive — qu'un professeur d'histoire naturelle ne se soit jamais occupé de mathématiques ou de physique depuis le temps où il préparait lui-même son baccalauréat. » — Ibid. p. 45 : « S'il donne une

tiré d'avoir appartenu à l'Enseignement secondaire : les procédés d'enseignement se renouvelant, les programmes se modifiant, il faut ne pas avoir cessé d'y appartenir (1). » Il faut en être surtout pour faire subir l'examen oral, pour choisir des questions appropriées à la capacité de l'enfant, pour les présenter de tout biais, les varier, les mesurer, pour solliciter une intelligence un peu lente ou déconcertée, pour pratiquer une sorte de maïeutique des esprits.

Il conviendrait donc de composer les jurys de professeurs de l'Enseignement secondaire en exercice (2).

Les professeurs de collège. — Mais n'y faut-il comprendre que les agrégés? Les délégués des collèges y demandent place. Ce n'est que justice. Parmi eux, sans doute, il y a quelques agrégés, mais pourquoi des licenciés qui préparent des bacheliers ne seraient-ils pas aptes à les juger? Beaucoup de collèges ne se sont-ils pas distingués par des succès plus brillants que ceux du baccalauréat? N'ont-ils pas emporté nombre de nominations au concours général? On sait bien que tout le mérite, en pareil cas, ne doit pas être attribué aux seuls lauréats et que s'ils ont triomphé c'est qu'ils avaient été bien armés, instruits et entraînés.

Mais les professeurs de collège ne se tiennent pas entièrement satisfaits des termes d'une formule qui désigne pour les jurys des professeurs en exercice « dans les lycées et collèges. » Ils insistent pour qu'on spécifie bien que le jury sera composé moitié de professeurs de lycée et moitié de professeurs de collège (3). Si la discussion devient vive (4), si la minorité défend ses idées avec fermeté, ce n'est point pour de futiles motifs d'amour-

question qui rentre dans le cercle de ses études habituelles, il ne comprend guère que le candidat sache modérément ce qu'il a raison d'estimer avant tout ; et s'il se hasarde sur un domaine qu'il ne connait guère, les questions qu'il pose risquent parfois d'être insuffisantes. » (Recteur d'Aix.) — Ibid. p. 73 : Le professeur de faculté, « à force de songer à la poursuite d'idées neuves, oublie souvent l'ensemble du domaine scientifique qui lui a été dévolu ou n'est que trop porté à interroger constamment sur ses propres travaux. » (Recteur de Besançon).

(1). *Bulletin de l'Instruction publique*, 1885, Mémoire de M. Gréard, p. 1489. C'est aussi pour ces raisons que les professeurs en retraite paraissent moins qualifiés que leurs collègues en exercice pour la fonction d'examinateurs : « ils ont cessé d'avoir contact avec les élèves et les conditions de l'Enseignement. » *(Revue universitaire,* 15 Mai 1897, p. 468, article de M. Baillet).

Voir *Enquêtes*, p. 491 : « Il n'est pas sûr du reste que les candidats eussent tant à se louer de l'adjonction de professeurs de lycée. » (Opinion de M. Bernard, professeur au lycée de Montpellier, aujourd'hui inspecteur d'Académie).

(2) Voir *Enquêtes*, p. 946 : « Les jurys d'examens pour le baccalauréat se composeront de professeurs de l'Enseignement secondaire présidés par un professeur de l'Enseignement supérieur. » (Proposition de M Legrand, professeur au lycée de Reims en 1885).

(3). Voir *Enquêtes*, t. XVIII, p. 635. M. Blanchet (aujourd'hui proviseur du lycée Condorcet), demande qu'on fasse place dans les jurys aux « professeurs de collège de plein exercice, juges et défenseurs mutuels de leurs élèves. »

(4). Voir *Enquêtes, etc.*, p. 37. Rapport du Recteur d'Aix. « Déjà, les collèges communaux se plaignent de ce que le certificat de grammaire, qui confère pourtant peu de droits, ne puisse sans examen être délivré que dans les lycées ; les plaintes seront autrement vives, autrement ardentes, lorsqu'il s'agira de la délivrance d'un diplôme de bachelier. »

propre. Ce sont des arguments très graves qui sont présentés, et ils sont fondés non sur un intérêt particulier, mais sur l'intérêt général des collèges de la République et de l'Université tout entière.

Supposé que l'examen soit confié aux seuls professeurs de lycée, les familles en concluront que les élèves se préparent mieux au baccalauréat dans un lycée. De là dépeuplement des collèges, — tout au moins de leurs classes supérieures, — au profit de l'internat des lycées ou d'institutions locales qui, sans souci des bonnes études, affichent partout la supériorité de leurs recettes pour le succès et l'infaillibilité de leurs remèdes pour les échecs. Or, pour faire subsister ces collèges, les conseils municipaux s'obligent à des dépenses souvent considérables ; si elles deviennent presque inutiles, elles ne seront plus consenties.

En effet, les collèges seront en danger de ne pas même garder les externes, les élèves les plus faibles ou de ressources modestes, ceux des classes de grammaire ou des classes élémentaires : ces établissements seront frappés de discrédit si leurs professeurs sont écartés du service des examens.

Que l'on songe à la concurrence opiniâtre que font aux établissements laïques de l'Etat les établissements ecclésiastiques ; plus encore que les lycées, les collèges en souffrent.

Accommodements pour les prix de la pension, préjugés mondains, fanatisme politique ou religieux, « contagion de l'exemple ou suggestion de la vanité (1), » autant de causes qui poussent trop de parents à opter en faveur de son rival contre le collège de la République. Même des fonctionnaires de la République agissent ainsi avec une complète liberté, « la liberté des pères de famille (2). »

Là où tombera un collège de la République, se dressera bientôt un collège tout différent ; les maîtres ne porteront pas la même robe ; le même esprit d'éducation ne soufflera plus sur la ville et ce sera grand dommage pour la démocratie française.

Ce serait donc affaiblir les collèges et peut-être les ruiner que de ne pas faire aux professeurs qui y préparent des bacheliers une large place dans les jurys de baccalauréat.

---

(1). Voir *Journal officiel* du 13 Mars 1897. Discours de M. Combes, ancien ministre de l'Instruction publique.

(2). Ibid. p. 406, Discours de M. Rambaud, ministre de l'Instruction publique : « Il est permis d'estimer que des fonctionnaires placés dans certaines situations manquent un peu au devoir d'affection qu'il devraient avoir envers l'Etat... en refusant de lui confier l'éducation de leurs enfants.

« Messieurs, en agissant ainsi ils usent de leur droit. . . . . mais ils vont jusqu'au bout de ce droit ; et là où ils le dépassent c'est lorsque, contre ces mêmes Ecoles de l'Etat, entretenues par les sacrifices de l'Etat, inspirées de l'esprit de 1789, ils se livrent à une propagande hostile... » — « Si j'affirme très haut, ici, la liberté des pères de famille, je suis obligé de me prononcer contre la liberté de propagande. »

Ainsi raisonnent les professeurs de collège (1). Le Congrès, bien que remué par ces arguments démonstratifs et pressants, ne croit pas pouvoir fixer le partage réclamé. Mais il émet très nettement le vœu que le jury soit composé de « membres appartenant au personnel enseignant de l'Enseignement secondaire public en exercice dans les lycées et collèges. »

Présidence du jury. — Par qui sera présidé le jury? L'autorité supérieure se réservera évidemment un contrôle. Mais pour assurer l'indépendance des examinateurs aussi bien que leur impartialité, il ne paraît pas possible que le commissaire du Gouvernement soit leur chef hiérarchique. Plutôt qu'un Administrateur comme un inspecteur d'Académie, par exemple, il faudrait que le Président fût un professeur de faculté, — non un chargé de cours ou un maître de conférences, — mais un professeur titulaire (2).

Garanties d'impartialité. — Même ainsi présidés, les professeurs de l'Enseignement secondaire ne sont-ils pas exposés au reproche de partialité? Mais, dans l'Enseignement primaire, les candidats au brevet supérieur ne sont-ils pas souvent examinés par leurs professeurs? Dans l'Enseignement moderne, le jury d'examen ne comprend-il pas trois professeurs de lycée et deux de Faculté (3)?

Si le Congrès n'incline pas à demander que les élèves d'une Académie soient jugés par les professeurs d'une autre Académie, il décide que les professeurs n'examineront pas leurs propres élèves et que les noms des candidats ne seront pas connus des examinateurs.

Ces garanties semblent suffisantes même pour les élèves qui n'appartiennent pas aux établissements de l'État. Aussi le Congrès repousse-t-il la proposition, faite par un seul de ses membres, d'admettre dans le jury un professeur de l'Enseignement libre. La collation des grades est un droit et une fonction de l'État.

(1). Certains désirent « que les examens du baccalauréat soient, comme par le passé, exclusivement confiés à des professeurs de Faculté, dans le cas où M. le Ministre croirait ne pas devoir admettre les professeurs licenciés des collèges au nombre des membres du jury. » (Vœu déposé par M. Roucaute, professeur au collège de Béziers).

(2). Lors de l'enquête sur le Baccalauréat en 1885 (V. t. XVIII), la Faculté de Droit de Montpellier disait, à propos d'un projet qui aurait réuni dans les jurys des professeurs de faculté et des professeurs de lycée: « ils (ces derniers) manqueraient d'indépendance ou peut-être prendraient-ils à tâche de contrecarrer les premiers. C'est ce qui arrive toutes les fois que l'on met dans un corps des inférieurs et des supérieurs. » — Ainsi *secondaire* voudrait dire *inférieur*; mais cette interprétation d'une honorable compagnie n'est qu'une opinion. Entre l'Enseignement supérieur et l'Enseignement secondaire, il y a une différence de nature, il n'y a pas les degrés d'une hiérarchie. L'autorité du professeur de Faculté dans le jury lui viendrait de son rôle de Commissaire du Gouvernement. Telle est, par exemple, celle d'un professeur de la Sorbonne inspectant, par délégation spéciale, une Faculté de province.

(3). « A ce compte, d'ailleurs, pourquoi les susceptibilités de conscience n'iraient-elles pas jusqu'à interdire d'assigner des rangs et de donner des notes, de récompenser ou de punir, de prononcer sur les résultats des examens de passage qui peuvent arrêter net un enfant au cours de ses études. » *Bulletin de l'Instruction publique.* 1885, p. 1540.

Mais pour éviter que les examinateurs ne soient en butte à des tracasseries ou à des rancunes locales, M. Monin demande pour eux l'inamovibilité, privilège des professeurs de Faculté. Le Congrès consulté émet ce vœu. A l'Administration est laissé le soin de régler les questions de détail : lieu où siégera le jury, — indemnité aux examinateurs, etc.

La discussion relative au jury étant close, une autre est ouverte sur le livret scolaire.

*
* *

Livret scolaire. — L'Assemblée en vote le maintien. En effet, le livret scolaire permet au candidat de se faire mieux connaître de ses juges, de leur présenter le témoignage de ses maîtres, la marque de ses succès, la preuve de son travail. Quand les copies, ne portant, comme celles du Concours général, qu'un numéro ou une devise, auront été corrigées, quand les noms devront être connus pour la publication de l'admissibilité, les notes accidentellement trop faibles des bons élèves, pourront sur le vu du livret scolaire, être quelque peu relevées. S'il est en effet des candidats qui, le jour de l'examen, mettent mieux que jamais leur savoir en lumière, il en est, au contraire, qui « perdent, en se sentant talonnés par l'heure, une bonne partie de leurs moyens (1). » Il est juste que pour une défaillance légère, pour cause de santé peut-être ou quelquefois même d'émotion, un enfant ne soit pas privé du bénéfice légitime de ses efforts et de ses progrès (2).

Mais la valeur de ces notes de livret n'est pas absolue ; elle varie selon le maître, l'établissement, la population des classes et la force moyenne des camarades de l'enfant (3).

Il n'est donc pas possible qu'un livret scolaire, si bon soit-il, dispense jamais les jeunes gens de passer tout ou partie de l'examen.

(1). Voir *l'Enseignement secondaire*, 1er Mars 1897, p. 80.

(2). L'examinateur peut évidemment n'en tenir aucun compte, s'il veut, lui aussi, aller jusqu'au bout de son droit absolu ; mais cette extrême limite est vraiment dépassée quand une note du professeur est biffée *ab irato* ; cela s'est vu.

(3) On a dit (journal *le Temps* — et Clairin : *Un peu de vérité sur l'Enseignement secondaire*, p. 16), que les livrets scolaires sont des documents peu sûrs, car la plupart des élèves, pour y faire inscrire de belles notes, copient impudemment leurs Compositions. — Or la fraude dans les Compositions ne date pas de l'institution des livrets scolaires ; il y a toujours eu quelques petits hommes — on veut parler d'élèves — peu scrupuleux sur le choix des moyens de succès, et dans la vaste corporation universitaire, tous les professeurs ne montrent pas une égale vigilance. Homère lui-même a sommeillé quelquefois. Mais les fraudes ne sont pas plus fréquentes dans les classes qu'elles ne le sont actuellement dans les examens écrits du baccalauréat : C'est dire qu'elles sont très rares : la tricherie est la très grande exception ; la règle est : honnêteté. Pas de malignité d'élève qui tienne devant un professeur prenant la peine de surveiller, et la surveillance est pourtant très difficile dans les classes très peuplées et logées dans un local parfois incommode, étroit, mal éclairé. Ce n'est pas d'ailleurs d'après les compositions seules que les professeurs jugent un élève et lui donnent des notes sur son livret : ils le connaissent bien mieux pour le voir à la besogne tous les jours, pour l'interroger, examiner ses devoirs et suivre ses explications de textes. Ils savent bien discerner entre le bon travail qu'il est capable de faire et le travail trop bon pour être son œuvre personnelle.

Ils resteront libres d'ailleurs de produire ou non ces livrets sans que l'abstention soit de conséquence : un élève sans livret n'est pas nécessairement un mauvais élève, et les candidats qui se préparent seuls ou dans leur famille n'en peuvent présenter.

Les élèves des lycées et des collèges tiennent fort à être soutenus par une appréciation favorable de leur professeur; celui-ci, parfois, ne risque-t-il pas de subir la pression des parents? Ne conviendrait-il pas que le livret, au lieu de passer par leurs mains, fût transmis directement par le proviseur ou le principal? On a fait observer que le personnel enseignant désirant pour lui-même la suppression des notes secrètes serait mal venu à les demander pour les élèves.

L'Assemblée aimerait mieux que les livrets scolaires fussent établis, à la fin de l'année scolaire par la réunion générale des professeurs de la classe : un vœu dans ce sens est adopté.

M. Clairin fait connaître que « certains établissements ont déjà trouvé, paraît-il, le moyen d'améliorer les livrets des élèves faibles, sans mentir, mais en dissimulant la vérité (1). » Aussi fait-il accepter une motion relative à cet abus : « les chefs d'établissement qui auront altéré la sincérité des livrets scolaires, soit en cachant les places véritables obtenues par les élèves, soit en leur attribuant des places de fantaisie, soit par tout autre moyen frauduleux, seront traduits devant le Conseil académique du ressort. L'interdiction à temps du droit de délivrer le livret scolaire pourra être prononcée contre eux. »

*
* *

Épreuves. — Le Congrès estime qu'il y a lieu seulement de définir des principes généraux : le nombre et le choix des épreuves, leur répartition et le détail des programmes sont renvoyés à l'étude des Assemblées locales et régionales et du prochain Congrès.

Maintien de l'examen oral. — Mais la nécessité d'épreuves orales, aussi bien que d'épreuves écrites, est reconnue.

Plusieurs des motifs qui justifient l'utilité du livret scolaire établissent aussi celle de l'examen oral : certains candidats montrent mieux leurs connaissances en rédigeant leurs compositions; certains autres, en répondant aux interrogations. Aucun ne trompera sur son savoir acquis les professeurs un peu exercés : ils ne sont pas dupes de l'aplomb d'un élève; ils ont vite fait de juger de la solidité de ses connaissances; le ton cavalier ne leur en impose point; l'ignorant a beau se vêtir des dépouilles de critiques célèbres ou inédits, un petit bout d'oreille échappe toujours et découvre la fourberie à qui voit clair.

____

(1). *Un peu de vérité sur l'Enseignement secondaire*, par P. Clairin. Paris, Garnier, 1897, p. 16. — Par exemple, on multiplie les compositions au delà du nombre officiel et l'on ne mentionne sur le livret que les trois places et cotes réglementaires, en triant les meilleures. Cela ne se fait pas dans les établissements de l'État.

Bien loin que l'oral soit la partie la plus superficielle de l'examen, il en peut être la plus probante.

Ce n'est qu'au tableau que le professeur de mathématiques peut scruter à fond le savoir de l'élève; aussi l'examen oral a-t-il une importance prépondérante (70 pour 100), pour l'admission à l'École polytechnique (1). Les épreuves orales sont celles où le juge peut le plus et le mieux varier les interrogations (2), leur donner un tel tour, les choisir de telle sorte que l'élève soit forcé de se taire s'il ne sait rien et de dire tout ce qu'il a retenu s'il a appris quelque chose. N'est-il pas aisé de voir s'il est capable d'analyser, de reconstruire logiquement une phrase grecque ou latine, s'il a lu de ses yeux, ce qui s'appelle lu, un des ouvrages français portés au programme, s'il a compris un fait historique ou une des questions étudiées dans la classe de philosophie? Pour cela, il ne faut évidemment pas, sauf dans des cas d'aptitude individuelle, que le professeur de géologie interroge sur les mathémathiques, le professeur de lettres anciennes sur les langues vivantes (3). C'est ce qui arrive quelquefois dans les jurys des Facultés dont le personnel est restreint. Il sera facile de mettre dans de nouveaux jurys assez de professeurs de l'Enseignement secondaire pour que chacun interroge sur les matières qu'il enseigne. Le point sera pour chacun de ne pas exagérer l'importance de sa partie. Mais le rôle du Président n'est-il pas par excellence une tâche de modérateur?

Épreuves écrites. Propositions rejetées. — Quelques-uns sont d'avis d'ajouter aux épreuves écrites « une composition portant soit sur une matière fixée à l'avance, soit sur deux ordres d'enseignement tirés au sort. » D'autres veulent laisser au jury le choix entre plusieurs matières sans que les candidats soient prévenus à l'avance. — M. Denat demande avec force que le thème écrit de langues vivantes soit rétabli. M. H. Bernès propose « d'établir au baccalauréat de rhétorique une composition écrite de langues vivantes et une composition littéraire comportant quelques lignes de thème latin et de version grecque faciles. » MM. Morel et Rabaud font observer d'autre part que cet examen terminal est et doit rester une simple vérification de bonnes études : le diplôme de bachelier en est la sanction naturelle. La version latine et la composition française suffisent à montrer l'intelligence d'un jeune homme de seize à dix-sept ans, le savoir qu'on peut exiger de lui et le profit qu'il a tiré de ses classes. Multiplier les épreuves, comme à l'entrée des grandes écoles, ce serait imposer une fatigue excessive à des élèves qui n'ont pas tous l'ambition

(1). Voir *Enseignement secondaire*, 1er Mars 1897, p. 80.

(2). Voir Clairin. *Un peu de vérité*, p. 16.

(3). Sauf peut-être la prononciation du grec moderne. Voir circulaires de M. Combes et de M. Rambaud. (14 Décembre 1896).

de s'y présenter ; ce serait aussi troubler les familles qui se plaignent de trop fréquents changements dans les programmes (1).

Propositions acceptées. — Le Congrès juge utile de fortifier l'examen écrit sans en régler les détails et exprime le vœu : 1º « que le nombre des compositions écrites soit augmenté de manière à ce que sur toutes les matières d'enseignement importantes le candidat puisse être appelé à composer ; 2º Que l'on multiplie les compositions écrites de manière à représenter, non toutes les branches de l'enseignement, mais du moins celles où l'élève prouve mieux sa force à l'écrit qu'à l'oral (2).

Le Congrès désire aussi, à l'unanimité, « qu'un candidat ne puisse être admissible ou reçu que s'il obtient, pour chaque épreuve, une note minima. »

Admissibilité prolongée. Vœux divers. — Après échec à l'oral, « les admissibles qui ont fait une première rhétorique médiocre ou qui ont tenté la chance au sortir de la classe de seconde, se croient le droit de négliger tout devoir écrit. D'autre part, les faibles négligent de parti pris, pendant une première année, tous les cours qui ne sont point représentés à l'écrit, se réservant de préparer l'oral pour une autre session : certains établissements en font même un système (3). »

Le Congrès émet donc les vœux suivants :

« Que le bénéfice de l'admissibilité soit maintenu seulement à la condition que le candidat ait obtenu, dans l'ensemble des épreuves écrites et orales, un certain nombre de points (4) ; »

« Que l'admissibilité aux examens ne soit pas prolongée de Novembre à Juillet suivant, mais de Juillet à Novembre seulement (5) ; »

« Vu le trouble que cause dans les classes la session de rentrée, » vu « pour certains cours, l'impossibilité de commencer utilement avant Décembre, » l'Assemblée exprime le vœu « que la session d'Octobre soit terminée avant la Toussaint (6). »

Le Congrès prie M. le Ministre de l'Instruction publique de « vouloir bien transmettre, à titre de documents, à la *Commission législative de la réforme du Baccalauréat* l'extrait du procès-verbal de ses séances qui concerne cette question. »

(1). Voir *Enquêtes, etc.*, 1885, t. XVIII, p. 656 : « Le baccalauréat n'est pas à nos yeux une prime donnée aux élèves les plus intelligents, c'est le couronnement naturel des études, la récompense finale d'un travail longtemps soutenu. » (Lycée Charlemagne. — Rapport de M. Hémon, aujourd'hui inspecteur de l'Académie de Paris).

(2). M. Baillet proposait de les désigner par ces mots : « telles que le thème latin, la version grecque et le thème de langues vivantes. » Cette addition n'a pas été acceptée.

(3). Baillet. *Revue universitaire*, 15 Mai 1897, p. 172.

(4). Proposition Rougier.

(5). Proposition Boudhors.

(6). Proposition Baillet.

De plus, « considérant que l'organisation et la réforme des baccalauréats intéressent tous les services publics dont ces diplômes donnent l'entrée, le Congrès émet le vœu que la loi qui sera votée sur les baccalauréats, soit aussi explicite et détaillée que possible, afin de réduire au *minimum* la part des règlements administratifs, ainsi que des interprétations ultérieures, quelles qu'elles puissent être (1). »

Enfin, M. Humbert fait mettre à l'ordre du jour du prochain Congrès le rétablissement de l'ancien baccalauréat ès sciences (2).

C'est par ce vote que se clôt la séance.

TROISIÈME JOURNÉE

Les deux séances du matin et de l'après-midi, présidées successivement par MM. Bourgeois, Lecomte, Lacroix, Baillet et Lacroix, sont occupées tout entières par la discussion relative à une Société de secours.

La journée commence par un vote de félicitations à M. Clairin, dont l'intervention fréquente, l'esprit de méthode et les renseignements précis ont été d'un grand secours pour mener à bien la délibération sur le baccalauréat.

Puis, M. Gendre lit un rapport très net et de vive allure au nom de la Commission.

Huit projets ont été présentés Jeudi ; le nombre et le caractère de ces documents prouvent une fois de plus, après les témoignages de la veille, le bon vouloir, l'activité utile, la préparation sérieuse des professeurs qui ont participé au Congrès.

La Commission a pensé qu'elle disposait de trop peu de temps pour faire l'étude critique de tous ces projets, motiver la préférence pour un d'entre eux ou en proposer un nouveau à l'adoption de l'Assemblée. Les auteurs ont été invités à exposer simplement l'économie de leur système.

Nous avons cru devoir *résumer* aussi ces projets dans le rapport général (3).

(1). Proposition Monin et Malapert.

(2). Voir *Enquêtes et documents,* t. XVIII, p. 487. Opinion de M. Dejean, professeur au lycée de Carcassonne (aujourd'hui député des Landes) : il vaut mieux « qu'il y ait deux baccalauréats correspondant à ces deux grandes formes du travail intellectuel : les lettres et les sciences. »
En 1885, une enquête laborieuse avait été faite sur le baccalauréat dans les Conseils universitaires, les Facultés, les lycées et les collèges. Dans leur Congrès de 1897, les professeurs de l'Enseignement secondaire ont pu définir et motiver leur avis collectif sur une des questions qui intéressent le plus l'Université et même tout le pays de France.

(3). Le rapporteur général n'a pas reçu le résumé demandé à l'auteur du projet de la Roche-sur-Yon.

Projet Lacroix (de Bordeaux). — Le Président du Congrès, M. Lacroix, apporte un projet qui frappe par sa netteté, son tour pratique et dont beaucoup de parties sont retenues pour les statuts d'une Société temporaire de secours.

Le but de l'Association de secours, dit M. Lacroix, est : 1° « de venir en aide à un sociétaire ou à sa famille (femme enfants, parents immédiats à sa charge), quand les lois ou les règlements administratifs ne prévoient pas de secours ou n'accordent qu'un secours notoirement insuffisant; » 2° d'accorder un secours provisoire dans les cas où les lois et règlements en accordent, mais où l'obtention s'en fait attendre, et de hâter la solution administrative.

La Société comprend des membres actifs, des membres honoraires et des membres fondateurs. Les membres actifs sont les professeurs de lycée ou de collège pourvus d'une nomination ministérielle, qu'ils soient en exercice, en congé soumis à retenue ou en retraite. Ils ont seuls le droit de voter et d'administrer.

Les membres actifs versent 6 francs par an. Les membres honoraires 20 francs par an ou 150 francs en une fois. Les fondateurs, 500 francs.

Pour faciliter les relations, la France est divisée en cinq régions : Nord-Est, Nord-Ouest, Centre, Sud-Ouest, Sud-Est avec la Corse. L'Algérie et les colonies forment une sixième région.

La Société est administrée par un Comité général ; il est composé de membres élus pour une durée à fixer et rééligibles.

Le Comité se choisit un Président, un Secrétaire et un Trésorier.

Le Comité perçoit les fonds, règle les dépenses et y pourvoit.

« Pour réduire au minimum des lenteurs particulièrement déplorables quand les secours sont urgents, » tous les membres du Comité général appartiendront à la même résidence; elle sera choisie avant l'élection du Comité général.

Il sera institué un Comité de surveillance, formé d'un nombre égal de professeurs de lycée et de professeurs de collège : 2 par régions. Les colonies ne prendront point part à ces élections. En compensation, elles auront le droit d'élire chacune son délégué.

Le Comité général rend ses comptes au Comité de surveillance. Celui-ci rédige son rapport, le communique au Comité général, le remanie au besoin et l'adresse à chaque sociétaire, quinze jours au moins avant le Congrès général, qui approuve ou rejette les conclusions.

Le fonds de réserve est formé par les cotisations des membres honoraires et les subventions allouées; le fonds courant, par les cotisations et les intérêts des fonds de réserve.

Le maximum du secours accordé est de 500 fr.

Projet Morel et Rogery (du lycée Lakanal). — Le but de la Société est de venir en aide « aux familles de ses membres qui, par suite du décès de leur chef avant que ce dernier ait des droits acquis à une pension de retraite, se trouvent momentanément dans une situation embarrassée. »

C'est le bureau de la Société qui apprécie la nécessité et la quotité des secours à donner.

Les ressources se composent de : 1° Un droit d'entrée de 5 francs, payé par chaque Sociétaire et servant à former un fonds de réserve « intangible, sauf sur l'ordre de l'Assemblée générale; » 2° une cotisation annuelle égale à 2 pour 1,000 de son traitement fixe, « sans que cette cotisation puisse être inférieure à 5 francs. »

Une assemblée générale annuelle élit pour trois ans un bureau de 9 membres, renouvelables par tiers tous les ans, et qui choisissent entre eux un Président, un Vice-Président, un Secrétaire et un Trésorier.

Le secours accordé ne peut être inférieur à 100 francs ni excéder 500 francs.

Le bureau rend compte de ses opérations à l'Assemblée générale annuelle qui se réunit tous les ans à Paris, dans les premiers jours d'Août.

Projet Michel et Vouillaume (Commercy). — D'après ce projet, aussitôt connu le décès d'un professeur associé, chaque membre de la *Mutualité universitaire* verse 1 franc en faveur de la personne ou des personnes dont le défunt était le soutien, conformément à la désignation qu'il en aura faite dans son acte d'adhésion.

Les adhérents désigneraient, à la majorité des suffrages, entre les lycées ou les collèges où aurait été instituée une Association amicale, celui qui deviendrait le siège de la Mutualité et dont le bureau rédigerait les statuts définitifs.

Pas de Capitalisation. — Le Comité n'est qu'un simple agent de transmission. Un professeur meurt-il? Le Secrétaire de l'Association de son établissement ou un membre affilié prévient ce Comité, après assentiment de la famille.

Le Comité fait connaître le décès aux Associations ou aux affiliés, les cotisations lui sont envoyées et la somme totale est remise à l'intéressé.

Nul froissement d'amour-propre pour celui-ci. Une convention a été faite, il jouit d'un droit qu'elle a établi.

Le nombre des professeurs étant d'environ 6,000, le secours serait considérable. L'obligation de verser trop souvent un franc ne deviendrait-elle point, par un retour trop fréquent, un charge trop lourde pour les affiliés? S'ils étaient 6,000, la proportion des décès étant, d'après le calcul de Commercy, de 8 pour 1,000, la cotisation annuelle reviendrait pour chacun à 48 fr.; elle se réduirait à 24 fr., si la Société ne comprenait que 3,000 adhérents ou la moitié du personnel universitaire.

Projet Derennes (de Marmande). — Le projet de M. Derennes, professeur de rhétorique au collège de Marmande, est un projet d'assurance admettant six types: Assurance vie entière; Assurance vie entière à primes temporaires; Assurance mixte; Assurance à terme fixe; Rente viagère à capital réservé; Rente viagère à capital aliéné.

On peut souscrire à plusieurs types d'assurance à la fois, et tous les membres de l'Enseignement secondaire, en activité ou à la retraite, peuvent faire partie de la Société. La prime *pour une part* est fixée soit à 1 0/0 du traitement de l'assuré à l'époque où il contracte l'assurance, soit à 1 fr. par mois. On peut s'assurer pour le nombre de parts que l'on veut, soit au début de l'assurance, soit dans la suite, et rien ne peut infirmer la validité de l'assurance: ni mauvaise santé, ni duel, ni suicide, etc.

Après le paiement de trois années de prime il n'y a pas de déchéance possible, mais le capital assuré est réduit en proportion des primes restant à payer, et l'assuré peut contracter une nouvelle assurance.

La moitié des bénéfices réalisés chaque année est répartie proportionnellement entre les assurances arrivant à échéance l'année suivante; l'autre moitié constitue le fonds de réserve.

Les primes sont converties en valeurs de tout repos et en obligations à lots. L'administration de la Société ne peut être constituée qu'après un minimum de 1,000 adhésions.

L'auteur fait suivre son projet de tableaux destinés à mettre en évidence les avantages de son système. Un de ces tableaux, celui qui concerne l'Assurance vie entière, indique le capital assuré en regard de la prime. A 21 ans, pour un traitement variable entre 1,600 et 4,000 fr. le capital assuré varie de 962 fr. 56 à 2,406 fr. 40 pour une part.

A 25 ans et pour une part encore, le capital assuré dans les mêmes conditions varie de 866 fr. 56 à 2,166 fr. 40.

Projet Jasinski (de Charleville). — Les adhérents paient une cotisation annuelle de 10 francs.

Elle est versée en parts égales dans deux caisses : A et B.

Les fonds de la caisse A (moitié des cotisations, dons considérables et subventions) sont placés pendant dix ans ; chaque adhérent touche au moment de la retraite la somme qu'il a versée dans cette caisse.

La caisse B est destinée aux secours immédiats et contient, outre la moitié des cotisations, les intérêts produits par les fonds de la caisse A et les dons peu élevés.

« En cas de décès, les secours se payent en deux fois : la première immédiatement ; la seconde à la fin de l'année quand le bilan annuel est établi. De cette façon, en effet, on peut donner un chiffre égal, le plus haut possible, à tous les participants; on n'a pas à craindre de trouver la caisse vide en Décembre ; enfin l'Association ne s'engage pas à un chiffre précis et ne court aucun risque, même en cas d'épidémie ou de guerre.

Le secours immédiat peut être fixé à 100 francs, plus la part à revenir dans la caisse A, part grossissante en raison directe de l'ancienneté dans l'Association. A la fin de l'année, la famille recevrait un second envoi, variable suivant le nombre de décès dans l'année écoulée. »

Projet Pomel (de Guéret). — M. Pomel a préparé un « projet d'assistance et d'assurance universitaires. »

L'Assistance universitaire a pour but d'assurer aux professeurs mariés *ou célibataires*, une somme de 2 à 3 francs par jour, en cas de maladie ou d'incapacité de travail.

La cotisation est fixée à 12 fr. par an.

Prenant pour base le nombre des congés accordés pour maladie grave, M. Pomel dit que l'Association aurait en caisse, dès la première année, un fort excédent.

Peuvent seuls faire partie de l'assistance universitaire, les fonctionnaires ayant moins de 25 années de professorat — une loi de finances assurant une retraite après cette durée de services.

De l'*Assurance universitaire* fait partie tout membre de l'*Assistance universitaire* moyennant 12 fr. Donc, 24 fr. pour les deux.

« En cas de décès d'un sociétaire, la veuve ou l'ayant-droit désigné par le sociétaire reçoit un secours immédiat de 1,000 fr. et à la fin de l'année une somme provenant de la liquidation du versement des cotisations pour assurance. »

« Le bureau est autorisé à prélever pour l'assurance 50 0/0 des sommes disponibles dans la caisse de l'Assistance universitaire. »

Sur 1000 assurés de 20 à 25 ans, dit M. Pomel, il faut compter 3 décès, « ce qui fait 4,000 fr. pour chaque veuve. »

« Pour éviter les assurances *in extremis*, ajoute-t-il, un examen médical est nécessaire. »

Projet Rougier. — Les principes généraux du projet présenté par les professeurs d'Aix et M. Rougier, leur délégué, sont la nécessité d'un fonctionnement simple et d'une cotisation modique, « d'une combinaison mixte d'Assurance mutuelle et d'Assistance mutuelle. » Le système est conçu de façon que tout sociétaire, quelle que soit sa situation de famille ou de fortune, puisse avoir part aux avantages prévus par les statuts et qu'en même temps un soulagement rapide puisse être apporté aux infortunes prématurément graves. »

Le siège de l'Association est à Paris.

Elle comprend deux catégories de membres :

Membres honoraires, n'ayant pas droit aux parts et secours et versant 20 francs par an ou 100 francs en une fois.

Membres actifs, payant 12 francs par an.

Sont membres actifs : les professeurs des lycées et collèges de France et des colonies :

1° En activité, .

2° En congé avec traitement,

3° En congé sans traitement depuis moins de deux ans,

4° En retraite.

Les fonds de l'Association se composent de :

Un fonds de réserve composé de dons et legs dépassant 5,000 fr. et destiné à fonder un jour un asile pour les sociétaires et un orphelinat pour leurs enfants; un fonds courant, composé des intérêts du fonds de réserve et des cotisations annuelles.

L'Association consent des prêts gratuits, dont le maximum est 500 fr., aux membres actifs en congé pour cause de maladie et privés par là d'une partie de leur traitement. Le remboursement est fait à échéances fixes. La somme prêtée reste acquise à l'emprunteur lorsque la maladie l'empêche de reprendre son service.

Lorsqu'un membre actif meurt avant vingt-cinq ans de services, « il est alloué par le Conseil d'administration une part fixe de 500 fr. à sa veuve, ou, s'il n'était pas marié, à toute personne désignée par lui de son vivant. Cette somme est augmentée en outre de 100 fr. par enfant mineur vivant, si le sociétaire décédé laisse des enfants. »

Le reste du fonds courant disponible est employé en secours aux membres actifs survivants qu'atteint la maladie ou le malheur.

Le budget probable se compose de 6,000 cotisations à 12 fr. = 72,000 fr.

La moyenne des décès est de 60 par an sur 6,000 professeurs.

Le nombre d'enfants mineurs laissés par les 60 professeurs décédés est de 80 en moyenne.

Dès lors, les dépenses obligatoires seraient :

60 parts à 500 fr. =	30,000	fr.
80 parts à 100 fr. =	8,000	fr.
Frais d'administration :	2,000	fr.
	40,000	fr.

Resteraient pour les secours 72,000 — 40,000 = 32,000 francs.

Projet Lehugeur (du lycée Henri IV) (1). — Ce système comprend :
1° l'*Assurance A* entre les universitaires comptant moins de 25 ans
de services ; 2° l'*Assurance B*, entre les universitaires qui ont plus de
25 ans de services et moins de 60 ans d'âge ; 3° une *caisse de secours*
commune aux membres des deux assurances A et B.

Comme la loi du 28 Avril 1893 assure une petite pension à la veuve
du professeur mort après 25 ans de services, l'assurance A est *à parts
croissantes*, proportionnelles au nombre de cotisations payées : l'assurance B est *à parts décroissantes*, parce que, chaque année, s'élève la
pension accordée par l'Etat en cas de décès.

L'assurance A compte 21 groupes d'âges différents, mais qui s'en-
tr'aident au besoin. Chaque groupe est dissous dès que ses membres
atteignent leur 25me année de services.

La cotisation est de 60 fr. par an, ou de 30 fr. ou de 15 fr. Celle de
60 fr. donne droit naturellement à la plus forte part. Si elle est beaucoup
plus élevée qu'il ne serait nécessaire avec une mortalité moyenne, c'est
que M. Lehugeur veut prévoir toutes les éventualités, les épidémies, les
guerres mêmes, afin de n'avoir jamais à faire d'appel de fonds supplé-
mentaires. Ces cotisations ne sont pas perdues, car elles servent à soulager beaucoup d'infortunes, et de plus le sociétaire rentre dans une partie
importante de ses cotisations, dès qu'il a ses vingt-cinq ans de services.

Les parts allouées aux veuves varient : 200 fr. la première année
(somme peu élevée pour éviter les assurances *in extremis*), 400 fr. la
deuxième, 800 fr. la troisième, 1,200 fr. la quatrième, 8,000 la vingt-
unième : chaque année la part croît de 400 fr., à partir de la deuxième
année.

Le reliquat est partagé par moitiés, au moment de la dissolution de
chaque groupe : entre les survivants, qui reçoivent un *dividende* comme
des actionnaires, et les familles des sociétaires décédés, qui reçoivent une
part supplémentaire; cette part, d'après des calculs très précis, peut dé-
passer 4,000 fr. L'association pourra donc allouer à certaines veuves jusqu'à 12,000 fr. Un dixième de ces dividendes et de ces parts supplémen-
taires sera retenu pour alimenter les fonds de réserve générale.

L'assurance B, à parts au contraire décroissantes, compte quinze
groupes (de quarante-cinq à soixante ans environ). La cotisation y est la
même que dans l'assurance A, mais à cause de la plus grande mortalité,
et aussi de la pension que l'Etat assure à la veuve à partir de la vingt-
cinquième année de services de son mari, les parts allouées en cas de décès sont seulement de 4,000, 3,800, 3,600, 3,400 fr. et ainsi de suite
pour s'abaisser à 1,200 fr. la dernière année, celle où l'universitaire va
avoir droit à sa retraite normale, et sa veuve au tiers de cette retraite.

Le reliquat est partagé, comme dans l'assurance A, entre les survivants et les familles des sociétaires décédés.

Un *fonds de réserve générale* est institué, en outre, pour faire face
aux frais minimes de l'association, faire des avances aux groupes de
l'association B pendant les premières années, s'il est nécessaire, — et
augmenter au besoin les parts des groupes les plus maltraités. Il est ali-
menté par les droits d'entrée, les reliquats, les subventions et une légère
partie des intérêts des capitaux placés, M. Lehugeur ne voulant compter
dans ses calculs que sur un intérêt de 2 0/0.

(1). M. Lehugeur nous a autorisé à reproduire le résumé qu'il a déjà communiqué
à l'*Enseignement secondaire*, 1er Mai 1897, et à la *Revue Universitaire*, 15 Mai 1897.

Enfin à ces deux assurances qui distribuent à chaque veuve sa part, mathématiquement, M. Lehugeur joint une institution d'assistance, la *caisse de secours*, qui distribue des secours aux veuves et aux orphelins particulièrement dignes d'intérêt, et exceptionnellement aux sociétaires malades et infirmes. Cette *caisse de secours* est alimentée par des donations, des subventions, des fêtes de charité. Elle peut être fondée, tout de suite, au moyen de légères cotisations.

*
* *

Tels ont été les projets présentés. « La Commission, dit le rapporteur, a eu l'impression nette que deux courants se manifestaient, très vifs, indépendants l'un de l'autre, le premier qui nous porte à l'assistance mutuelle, le second à l'assurance mutuelle... Il était dans l'ordre des choses que les deux courants se réunissent à un moment donné. De là un troisième système qui essaye de combiner les avantages des deux précédents. »

La Commission a remarqué particulièrement le projet Lehugeur « fruit de longues années d'études, de méditation et de calcul. »

Si elle n'a cru pouvoir opter en faveur d'aucun projet, elle propose de les faire étudier en détail avant le prochain Congrès.

L'Assemblée est d'avis de nommer une Commission d'études de onze membres : MM. Antomari (Carnot), Barbier (Compiègne), Clerc (Charlemagne), Gendre (Auxerre), Quignon (Beauvais), Humbert (Louis-le-Grand), Lehugeur (Henri IV), Malapert (Rollin), Monin (Rollin), Morel (Lakanal), Plésent (Bordeaux).

C'est cette Commission qui cherchera une forme durable de Société de secours.

Mais pour soulager les infortunes qui se produisent dans le cours d'une année, la Commission du 22 Avril propose et le Congrès décide la fondation d'une Société temporaire d'assistance mutuelle.

On en discute aussitôt les statuts que propose M. Malapert en s'inspirant du projet de M. Lacroix.

Alinéa par alinéa, le premier article en est adopté :

ART. I. — Il est fondé, à titre temporaire, une Société d'assistance mutuelle des membres du personnel enseignant de l'Enseignement secondaire public en exercice dans les lycées et les collèges de garçons.

La Société a pour but :

1° De venir en aide à un sociétaire ou à sa famille (veuve, enfants, parents à sa charge), dans le cas où la loi n'accorde pas de secours ou n'accorde que des secours insuffisants ;

2° De leur donner un secours provisoire dans le cas où les règlements en accordent, mais où l'obtention s'en fait attendre, et de hâter la solution administrative.

Le secours est un droit : la quotité en est laissée à l'appréciation du Comité d'administration. Le minimum est de cent francs, le maximum est de cinq cents francs.

L'article II doit déterminer quels seront les membres de cette Société.

M. Jacquet (de Chartres), plaide avec chaleur pour l'admission des professeurs en retraite. M. Lehugeur combat vigoureusement cette motion comme ruineuse pour la Société.

Plusieurs assistants interviennent dans la discussion.

M. Fallex (de Carnot) s'efforce de faire admettre les administrateurs.

M. Lacroix et M. Rougier demandent au Président, M. Baillet, « l'ajournement de cette question, qui aurait dû être étudiée en Commission avant que l'Assemblée fût appelée à se prononcer. »

D'autres parlent en faveur des maîtres répétiteurs, des dames professant dans les lycées et collèges de jeunes filles.

On objecte que c'est étendre beaucoup l'action d'une modeste Société qui n'est, en somme, créée que pour une année. Une Société plus durable pourra être plus largement ouverte. En attendant, sans vues hostiles, sans qu'aucun préjugé rende exclusif, on se contentera de remédier aux maux qui pourront frapper nos collègues les plus proches, les professeurs des lycées et des collèges de garçons. Quand on n'a qu'une situation provisoire et un petit budget, il faut quitter les vastes pensées de mutualité ; faire un peu de bien autour de soi, c'est toujours quelque chose (1).

M. Clairin propose donc pour l'article II la rédaction suivante, qui est acceptée, avec le chiffre de 6 fr. pour la cotisation :

Art. II. — Font partie de la Société, sur leur demande, tous les membres du personnel enseignant de l'Enseignement secondaire public en exercice dans les lycées et les collèges de garçons, qui adhéreront aux présents statuts et verseront une cotisation annuelle de six francs.

M. Lehugeur insiste pour que les proviseurs, censeurs, économes soient admis dès cette année dans la Société de secours. M. le Président estime que le vote est acquis et qu'il n'y a pas lieu de rouvrir la discussion sur ce point.

Les autres articles sont successivement votés sans opposition.

Art. III. — La Société est administrée par un Comité composé de sept membres. Nul ne pourra être élu membre du Comité s'il n'est Français, majeur, et s'il ne jouit de ses droits civils, civiques et politiques.

Art. IV. — Le Comité choisit son bureau, composé d'un Président, d'un Vice-Président, d'un Secrétaire et d'un Trésorier.

Art. V. — Le Comité est chargé de percevoir les cotisations et d'allouer les secours dont il est parlé à l'article premier.

Art. VI. — Il est institué un Comité de surveillance, composé de seize membres, élus à raison de deux (un professeur de lycée et un professeur de collège) par chacune des huit circonscriptions établies pour les associations régionales.

Le Comité de surveillance se réunit au moins une fois par an, prend connaissance des actes du Comité d'administration et arrête les comptes annuels.

(1). Voir El. Dejean. — *Gironde*, 1896. « Il y a trois ou quatre ans on avait songé, à cause de la *lamentable insuffisance* de la loi des retraites, à former, avec approbation du ministère, une Société de secours mutuels proprement dite. L'entreprise échoua. » — On serait donc mal fondé à reprocher au Congrès de n'avoir pas procédé comme ceux qui l'ont tentée sans succès.

Art. VII. — La dissolution de la Société ne pourra être prononcée que si elle est votée par les deux tiers au moins des membres inscrits.

Art. VIII. — En cas de dissolution, l'actif de la Société est attribué, par délibération de l'assemblée générale, à une ou plusieurs associations charitables. Cette délibération est soumise à l'approbation du Gouvernement.

Art. IX. — Toute modification aux présents statuts sera soumise à l'autorité compétente, conformément à l'article 291 du Code pénal.

L'ensemble du projet est voté à l'unanimité.

Sont nommés membres du Comité directeur : MM. Castelot (Étampes), Lecomte (St-Louis), Mangin (Louis-le-Grand), Charpentier (Louis-le-Grand), Clairin (Montaigne), Jacquet (Chartres), Sévrette (Louis-le-Grand).

M. Windenberger (Compiègne) a eu le même nombre de voix que M. Sévrette : celui-ci a été élu par bénéfice d'âge.

*
* *

En cette dernière journée du Congrès sont votées plusieurs résolutions. Un rapport général du Congrès sera rédigé, imprimé, distribué aux Associations et aux adhérents isolés, envoyé à tous les collèges et lycées qui n'ont pas encore d'Association ou n'ont pas envoyé de délégués. Les noms de MM. Plésent, Clairin et Rabaud sont mis en avant pour le choix d'un rapporteur. M. Plésent refuse pour des raisons personnelles. M. Rabaud prie le Congrès de voter pour M. Clairin qui est en si grande autorité. Mais M. Clairin se récuse aussi comme n'ayant pas suivi dès le début le mouvement de préparation du Congrès. M. Rabaud est alors nommé « à l'unanimité, par acclamation. »

Sur la proposition de M. Plésent, il est décidé que le prochain Congrès se réunira en 1898, à Paris, pendant les vacances de Pâques.

Les Associations parisiennes devront s'accorder dans le délai de trois mois pour nommer le Comité organisateur. Le rapporteur général est chargé de convoquer à cette fin, en temps opportun, les représentants de ces Associations. Le Comité d'organisation élaborera pour les Congrès futurs un règlement qui sera soumis à la prochaine assemblée.

Il mettra à l'ordre du jour les vœux exprimés dans le présent Congrès et spécialement la question de l'ancien baccalauréat ès sciences (vœu de M. Humbert), et celle de la représentation des chargés de cours dans les conseils universitaires (vœu de M. Fédel).

Sur la proposition de M. Lecomte, des remerciements sont votés à la presse, dont les comptes rendus et les appréciations ont été, en général, si favorables au Congrès.

M. le Président fait voter des remerciements à M. le Ministre qui a bien voulu autoriser le Congrès et au Comité parisien qui l'a organisé.

Enfin M. Lacroix prononce un discours où il se plaît à faire saisir l'esprit de sagesse et de discipline dont le Congrès a été animé, les résultats qu'il a obtenus et surtout l'union du personnel enseignant. Il exhorte ses auditeurs à rendre auprès de leurs collègues bon témoignage du Congrès et à propager la confiance qu'on peut mettre en cette institution.

Au milieu des applaudissements nourris et prolongés qui suivent ces paroles, et qui sont à la fois un remerciement et un adieu au cher président, est prononcée la clôture du Congrès.

L'espoir qu'emporte chacun, c'est que les universitaires resteront attachés à cette idée de solidarité dont ils viennent d'éprouver les premiers bienfaits. Elle ne comporte pour eux aucune équivoque ; elle veut dire fraternité.

On l'a dit justement, (1) il y a deux sortes d'individualisme : l'un est « l'état d'une personne qui raisonne ses jugements avec sa propre raison, agit comme elle a jugé, et défend contre tout et tous la souveraineté sur son for intérieur. » L'autre est « l'isolement de l'individu. » Si les professeurs conservent toujours beaucoup de goût pour le premier, ils ont commencé à renoncer au second.

Ils comprennent que « nous ne pouvons nous détacher de la vie collective, » et qu'il faut « préférer l'action à la mauvaise humeur (2). »

C'est pourquoi ils se sont réunis cette année, sans bruit, pour faire œuvre utile (3).

---

(1). Lavisse. *Discours d'inauguration de l'hôtel des étudiants de Montpellier.*

(2). Séailles. *Revue bleue,* 6 Mai 1897.

(3). « On ne peut que gagner à voir discuter les grandes questions d'intérêt public dans des assemblées d'hommes compétents. » *Bulletin de l'Instruction publique,* 12 Septembre 1885, p. 521. Discours de M. Goblet au Congrès d'instituteurs. « Il est toujours bon, il n'est jamais dangereux de donner la parole au corps enseignant. » Spuller. Circulaire du 20 Septembre 1887.

BANQUET

Le soir du 24 Avril a eu lieu, au café Voltaire, le Banquet organisé par MM. Monin et Weil. M. Lacroix n'a pu, au grand regret de tous, y assister. Des causeries plus intimes ont permis de se mieux connaître à des professeurs qui, les jours précédents, s'étaient vus pour la première fois. L'heureuse issue du Congrès augmentait encore leur plaisir de se retrouver ensemble.

Plusieurs toasts ont été portés par MM. Lecomte, Baillet, Sévrette, Humbert, Monin, Boudhors et Roucaute.

M. Michel (de Commercy) a exprimé sa joie pour l'accueil fait aux professeurs de collège.

M. Rabaud l'a remercié d'avoir si bien concouru, lui et les professeurs de collège au rapprochement et à l'union entre collèges et lycées, province et Paris, et de montrer une fois de plus par ses paroles cordiales que si l'on n'a pas toujours été du même avis dans le Congrès, on a toujours été et l'on reste toujours d'accord.

THÉATRE

M. Lecomte, Président du Comité d'organisation, avait pensé qu'il serait agréable à plusieurs de nos collègues de se délasser des travaux du Congrès en passant les soirées au théâtre.

Aussi avait-il obtenu de MM. les directeurs de l'Odéon, de l'Ambigu et de Cluny des réductions de prix, qui étaient faites sur présentation des cartes de membres du Congrès.

La *Comédie-Française* a offert aux congressistes vingt places pour le dimanche 25. Elles ont été tirées au sort entre les délégués de province.

APRÈS LE CONGRÈS

Selon la décision du Congrès, le Rapporteur général a prié les représentants des Associations formées ou en formation dans les lycées de Paris de vouloir bien s'entendre en vue de la préparation du prochain Congrès. Une Commission de sept membres a été formée à cet effet. Elle s'occupe du règlement des Congrès futurs.

Les communications peuvent être adressées à M. RABAUD, rue des Feuillantines, 10.

.*.

Les vœux relatifs au Baccalauréat ont été transmis à M. le Ministre par l'intermédiaire de M. le Vice-Recteur de l'Académie de Paris.

ACADÉMIE
DE
PARIS
—

UNIVERSITÉ DE FRANCE

Paris, le 25 Mai 1897.

MONSIEUR LE RAPPORTEUR GÉNÉRAL,

Je fais parvenir à M. le Ministre les documents relatifs au Congrès des professeurs de l'Enseignement secondaire, que vous m'avez adressés.

Recevez, Monsieur le Rapporteur général, l'assurance de ma considération très distinguée.

Le Vice-Recteur,
Signé: GRÉARD.

.*.

La Société temporaire de Secours a été constituée dès le 15 Mai 1897 ; elle a nommé :

Président	M. CHARPENTIER (Louis-le-Grand) ;
Vice-Président	M. LECOMTE (Saint-Louis) ;
Secrétaire	M. CLAIRIN (Montaigne), 30, avenue des Gobelins ;
Trésorier	M. MANGIN (Louis-le-Grand), 2, rue de la Sorbonne.

Elle comptait le 20 Juillet 1756 adhérents (1).

.*.

La Commission d'études a distribué à ses membres les divers projets d'assistance ou d'assurance qui avaient été présentés au Congrès.

Des rapporteurs s'occupent d'en faire connaître les principes et les applications les plus intéressantes.

Ce travail préliminaire terminé, la Commission préparera l'organisation d'une Société de Secours donnant satisfaction à tous les universitaires ; il appartiendra au Congrès de statuer sur cet objet en 1898.

____

(1) « Mon intention n'est pas seulement d'approuver une telle Société, mais de l'encourager, c'est-à-dire de mettre à sa disposition le concours de l'État. » (Paroles de M. le Ministre, *Officiel* du 13 Novembre 1896, p. 1195, 2º col.).

ANNEXES

Paris, le 28 Mars 1897.

A Monsieur le Ministre de l'Instruction publique.

MONSIEUR LE MINISTRE,

Vous avez bien voulu déclarer à la Chambre des Députés, dans la séance du 12 Novembre 1896, que vous êtes « disposé à autoriser des Congrès, soit régionaux, soit généraux, à la condition que l'ordre du jour du Congrès soit soumis au Ministre de l'Instruction publique. »

Cette déclaration a été confirmée par la circulaire du 30 Janvier 1897.

Aussi, répondant à un appel du Comité central provisoire de Bordeaux, un grand nombre de professeurs de la province et de Paris ont-ils exprimé le vœu qu'un Congrès général fût tenu à Paris pendant les vacances de Pâques.

Chargés de le préparer, les professeurs soussignés ont l'honneur de vous demander, au nom des adhérents à ce projet, l'autorisation nécessaire pour un Congrès général qui aurait lieu les 22, 23 et 24 Avril, à Paris.

Nous conformant à votre désir, nous vous soumettons, Monsieur le Ministre, avec l'espoir confiant de votre approbation, l'ordre du jour suivant :

1° Élection d'un bureau.

2° Compte rendu des travaux et de la gestion du Comité central provisoire de Bordeaux.

3° Association générale de secours.

4° Associations régionales d'études.

5° Baccalauréat.

Une lettre de M. le Directeur de l'Enseignement secondaire, publiée dans *l'Enseignement secondaire* du 15 Mars 1897, nous assure en effet que la question du Baccalauréat peut figurer à l'ordre du jour de nos assemblées. Nous osons attendre de votre haute bienveillance une réponse favorable qui nous permette de convoquer bientôt nos collègues.

Nous sommes, avec le plus profond respect, Monsieur le Ministre, vos très humbles et très obéissants serviteurs.

Ont signé :

MM. **Sévrette** (Louis-le-Grand), **Jourdan** (Lakanal), **Asselin** (St-Louis), **Clerc** (Charlemagne), **Acis** (Louis-le-Grand), **Rogery** (Lakanal), **Lecomte** St-Louis), **Lombard** (Michelet), **Rabaud** (Charlemagne).

ACADÉMIE
DE
PARIS
—
Cabinet du Ministre.

UNIVERSITÉ DE FRANCE

Paris, le 7 Avril 1897.

MONSIEUR LE VICE-RECTEUR,

Un certain nombre de professeurs des lycées de la Seine m'ont adressé la lettre ci-incluse par laquelle ils sollicitent l'autorisation de tenir un Congrès général qui aurait lieu à Paris les 22, 23 et 24 Avril.

Conformément aux conditions posées dans les déclarations que j'ai faites à la Chambre des Députés et dans ma circulaire du 30 Janvier 1897, ils soumettent à mon approbation l'ordre du jour de ce Congrès.

Je vous prie, Monsieur le Vice-Recteur, de convoquer au siège de l'Académie les signataires de cette lettre. Vous leur ferez observer tout d'abord que c'est par votre intermédiaire que leur demande aurait dû me parvenir.

En ce qui concerne l'autorisation sollicitée, vous leur ferez connaître qu'elle leur est accordée, sous les deux réserves suivantes, sans préjudice d'ailleurs des autres conditions énoncées dans les déclarations et circulaire précitées :

1° Le Compte rendu des travaux et de la gestion du Comité central provisoire de Bordeaux doit disparaître absolument de l'ordre du jour du Congrès. Le Comité central provisoire devait se dissoudre le lendemain même des déclarations qui viennent d'être rappelées. Il ne doit pas être question au Congrès de ce Comité central.

2° Il doit être bien entendu que « les associations locales ou régionales d'études » ne doivent être constituées qu'en vue d'études exclusivement pédagogiques, littéraires ou scientifiques, à l'exclusion des questions d'intérêt professionnel. C'est du reste à cette condition expresse qu'elles seront autorisées.

Vous voudrez bien, d'autre part, faire savoir à ces professeurs que le programme d'un Congrès projeté devant m'être soumis et recevoir mon approbation, il s'ensuit comme conséquence nécessaire que cette communication doit avoir été faite et cette approbation obtenue, avant que les professeurs qui auront pris l'initiative d'un Congrès entrent en rapports avec leurs collègues des autres établissements et sollicitent leur adhésion.

Je compte d'ailleurs, Monsieur le Vice-Recteur, sur le bon esprit des promoteurs du Congrès et de ses adhérents. Ils feront en sorte que cette Assemblée ne se laisse entraîner dans ses discussions, ses délibérations et ses votes, à aucune manifestation contraire au respect des règlements et à la discipline, et que cette liberté nouvelle accordée aux professeurs serve à la fois les intérêts généraux et le bon renom de l'Université.

Agréez, Monsieur le Vice-Recteur, etc...,

Le Ministre de l'Instruction publique et des Beaux-Arts,
Signé : ALFRED RAMBAUD.

ÉTABLISSEMENTS REPRÉSENTÉS AU CONGRÈS

AIX	BORDEAUX	GRENOBLE
AGEN	BOULOGNE	GUÉRET
ALAIS	BREST	LA CHATRE
ALGER	CAEN	LA RÉOLE
AMIENS	CAHORS	LA ROCHE-SUR-YON
ANGERS	CARCASSONNE	LAVAL
ANGOULÊME	CASTELSARRAZIN	LECTOURE
ANNECY	CHALONS	LE HAVRE
ARLES	CHAMBÉRY	LE PUY
AUBUSSON	CHARLEVILLE	LILLE
AUCH	CHARTRES	LIMOGES
AUXERRE	CHATEAUROUX	LISIEUX
AVALLON	CHERBOURG	LYON
AVIGNON	COMMERCY	MARMANDE
BAGNÈRES-de-BIGORRE	COMPIÈGNE	MARSEILLE
BARBEZIEUX	DIGNE	MAUBEUGE
BAR-LE-DUC	DIJON	MEAUX
BAYEUX	DINAN	MÉDÉA
BEAUNE	DOUAI	MELUN
BEAUVAIS	DRAGUIGNAN	MENDE
BÉZIERS	ELBEUF	MILLAU
BLIDAH	EPINAL	MONTARGIS
BLOIS	ETAMPES	MONT-DE-MARSAN
BONNEVILLE	GAP	MONTLUÇON

MONTPELLIER — PARIS : *Montaigne.* — SAINT-CLAUDE
MOULINS — — *Rollin.* — SAINT-OMER
NANCY — — *Saint-Louis.* — SAINT-SERVAN
NARBONNE — — *Voltaire.* — SENS
NIMES — PAU — TOURCOING
ORAN — PÉRIGUEUX — TOURS
ORANGE — PERPIGNAN — VALENCE
PAMIERS — QUIMPER — VALENCIENNES
PARIS : *Carnot.* — RIOM — VANNES
— *Charlemagne.* — ROCHEFORT — VESOUL
— *Lakanal.* — ROUEN — VILLENEUVE-SUR-LOT
— *Louis-le-Grand* — SAUMUR
— *Michelet.* — SAINT-BRIEUC

DISCOURS DE M. SÉVRETTE
Président du Bureau provisoire.

Mes chers Collègues,

En vertu de l'autorisation accordée par M. le Ministre de l'Instruction publique, et au nom du Comité provisoire chargé de l'organisation de ce Congrès, je déclare ouvert le premier Congrès des Professeurs de l'Enseignement secondaire de France.

En inaugurant cette réunion, nous remercions M. le Ministre qui a bien voulu l'autoriser. Nous tiendrons à honneur de justifier la confiance qu'il nous témoigne et de lui montrer qu'il a eu raison de compter sur notre bon sens et sur notre modération.

Nous devons donc, mes chers collègues, éviter toute démonstration qui puisse tourner à notre préjudice, toute discussion irritante, et nous conformer au programme choisi par nous et approuvé par M. le Ministre.

Notre besogne est toute tracée : nous apporterons ici l'attention et la bonne volonté nécessaires à l'étude et à la solution de chacune des questions qui nous sont soumises, à l'exclusion de toute autre, et nous chercherons de notre mieux à faire aboutir nos discussions à des résultats pratiques et durables.

En terminant, j'adresse, au nom de cette Assemblée, des remerciements à ceux de nos collègues qui ont pris l'initiative d'éveiller l'esprit de solidarité dans le corps Universitaire.

Si nous réussissons à mener à bonne fin nos délibérations, nous aurons bien mérité de l'Université et de la République.

DISCOURS DE M. LACROIX
Président.

Messieurs et chers Collègues,

Je suis profondément touché de l'honneur que me font vos libres suffrages. Mais, si ému que je sois, je ne saurais me faire illusion sur mon insuffisance d'abord, ensuite sur le sens et la portée de cette flatteuse manifestation.

Vous proclamez ainsi votre approbation réfléchie de l'attitude correcte et ferme que nous avons adoptée dès le premier jour et de laquelle, j'ose l'affirmer, nous n'avons jamais dévié. Cette attitude, nous la garderons, de façon à prouver non seulement que les concessions dues à la haute bienveillance de M. le Ministre n'offrent aucun danger, mais que nous sommes gens à en utiliser de plus considérables sans péril pour la chose publique.

Vous ne me pardonneriez pas si j'oubliais d'adresser nos remerciements à notre honorable collègue, M. Sévrette, qui doit moins à son âge qu'à l'universelle sympathie, l'honneur d'avoir ouvert notre Congrès. Je n'insisterai pas pourtant : nous ne nous sommes pas réunis pour échanger des compliments, mais pour faire de bonne et prompte besogne. Sans avoir la prétention d'aboutir à des résultats définitifs et de dire le dernier mot sur les questions très délicates et très complexes que nous allons étudier, nous n'en sommes pas moins certains que d'un tel concours de bonnes volontés et d'une réunion d'hommes compétents il doit être possible de dégager une opinion sérieuse et précise. Ce que nous apportons ici, ce ne sont pas des théories abstraites, c'est la connaissance pratique des difficultés, c'est l'expérience collective de l'Enseignement secondaire.

Discours de clôture, prononcé par M. Lacroix.

Mes chers Collègues,

Je m'exposerais à recevoir de vous des reproches mérités si je laissais se clore le Congrès sans adresser non pas seulement vos remerciements, mais vos plus chaudes félicitations aux membres du Comité parisien d'organisation et en particulier à sa Commission exécutive.

C'est grâce à eux, grâce à leur énergie, à leur tact, à leur dévorante activité que ce qui était l'aspiration générale est aujourd'hui un fait accompli.

La démonstration qui était nécessaire pour dissiper certaines méfiances est désormais complète : s'il en est qui nous aient fait un instant l'injure de douter de notre sagesse, de notre esprit de discipline et de notre bonne éducation, nous les invitons à lire le compte rendu de notre premier Congrès. Pas une parole malséante n'a été prononcée dans cette enceinte; pas un instant la discussion ne s'est égarée sur le terrain défendu. On n'a échangé que des idées sérieuses en termes irréprochables. On a pu émettre des opinions différentes, mais collèges et lycées ont affirmé à l'envi l'union confiante, indissoluble qui était la vraie raison d'être de notre réunion.

En quelques séances, nous avons créé des institutions importantes, nous avons étudié une question capitale pour l'avenir de l'Enseignement secondaire. Nous avons fondé enfin des rapports de confiance et d'estime réciproque qui sont les meilleures garanties de l'avenir. Ces résultats sont de nature à frapper ceux qui réfléchissent.

Après avoir été les meilleurs ouvriers de cette œuvre, vous voudrez tous, Messieurs, en devenir les propagateurs; rentrés dans vos foyers, vous direz ce que vous avez vu, ce que vous avez fait, ce qui reste à faire: Vous appellerez à nous tous ceux qui ont à cœur les intérêts vitaux de l'Enseignement et la grandeur de notre chère Université.

PROCÈS-VERBAUX DES SÉANCES

Procès-verbal de la Séance d'ouverture du Jeudi 22 Avril 1897.

La séance est ouverte à 10 heures sous la présidence de M. Sévrette, doyen d'âge, assisté de MM. Lecomte et Rabaud. M. Sévrette prononce une allocution fort applaudie, qu'il termine en recommandant au Congrès de se conformer aux indications de la lettre de M. le Ministre, et en remerciant ceux qui ont éveillé l'idée de solidarité parmi les professeurs de l'Enseignement secondaire.

M. Rabaud rend ensuite compte des démarches préparatoires qui ont été nécessitées par l'organisation du Congrès, et donne lecture de la lettre d'autorisation de M. le Ministre.

On procède à l'élection du bureau :

M. Lacroix, professeur honoraire du lycée de Bordeaux, est élu président par acclamation. Il remercie l'assemblée en termes émus, et l'engage à diriger ses discussions de telle sorte qu'elles fassent honneur au bon renom de l'Université.

Sont ensuite élus :

Vice-présidents : MM. Lecomte (St-Louis), Baillet (Angoulême), Bourgoin (collège de Blois).

Secrétaires : MM. Griess du lycée Charlemagne (représentant Alger), Santiaggi (Chartres), Pillet (Bayeux), Chassériaux (Vannes).

MM. Lecomte et Baillet prennent place au bureau, une discussion s'engage sur la manière de voter des délégués et des professeurs isolés. Après les observations présentées par différents membres du Congrès, l'Assemblée décide :

1º Qu'en séance, chaque délégué aura autant de fois 10 voix qu'il représente de dizaines ou de fractions de dizaine de professeurs ; chaque professeurs isolé, une seule voix ;

2º Qu'en Commission, chaque membre n'aura qu'une voix.

Le Président invite les membres à s'inscrire aux différentes Commissions dont la réunion est fixée à 2 heures de l'après-midi.

La prochaine séance est fixée au Vendredi matin 9 heures.

La séance est levée à 11 heures 3/4.

GRIESS, Secrétaire.

Procès-Verbal de la Séance du Vendredi matin 23 Avril 1897.

La séance est ouverte à 9 heures 1/4, sous la présidence de M. Lacroix.

M. Plésent donne lecture du rapport sur la question des Associations régionales, au nom de la Commission qui s'est occupée de ce sujet.

Après lecture, la séance est suspendue pendant un quart d'heure pour permettre l'échange des vues entre les délégués.

La séance est reprise à 10 heures 1/4.

Le procès-verbal de la séance de la veille est lu et adopté.

La discussion s'engage sur le rapport de M. Plésent et, pour commencer, sur la formation des Associations régionales. Divers membres présentent des observations sur les groupements proposés au point de vue des intérêts pédagogiques des différentes régions.

M. Marcel Bernès fait la motion que les conclusions du rapport de la Commission soient considérées comme de simples indications en vue de groupements régionaux désirables à tous égards.

L'Assemblée adopte les conclusions du rapport sur la première question.

On passe à la composition des Comités et à leur mode d'élection. L'Assemblée adopte les conclusions du rapport.

Au point de vue de la préparation du Congrès, — sur la proposition de M. Malapert. — liberté complète est laissée aux Associations locales pour correspondre avec le Comité d'organisation, soit directement, soit par le Comité régional.

Enfin pour la question financière, l'Assemblée se rallie à la motion du rapporteur.

L'ensemble du rapport, avec la modification de M. Malapert est adopté.

La réunion du soir a lieu à 2 heures.

GRIESS, Secrétaire.

Procès-Verbal de la Séance du Vendredi soir 23 Avril 1897.

La séance est ouverte à 2 heures de l'après-midi, sous la présidence de M. Lecomte. Le procès-verbal de la précédente séance, lu par un Secrétaire est adopté.

L'Assemblée procède tout d'abord à l'élection d'un Secrétaire supplémentaire, en l'absence de M. Pillet. M. Castel, du collège d'Arles, est élu à l'unanimité.

Puis on passe à l'examen de la question à l'ordre du jour : le Baccalauréat.

M. Chassériaux, au nom de la Commission, donne lecture du rapport. Trois points ont été examinés en détail par cette Commission : 1º Composition du jury d'examen; 2º Livret scolaire; 3º Épreuves.

La discussion qui s'engage sur ces trois points, et à laquelle prennent part de nombreux orateurs, aboutit à l'adoption d'un certain nombre de vœux dont voici l'énumération :

1

Le baccalauréat sera maintenu.

Le jury d'examen sera composé de membres appartenant au personnel enseignant de l'Enseignement secondaire public, en exercice dans les lycées et collèges, et d'un professeur de Faculté titulaire ;

Les noms des candidats ne seront pas connus des examinateurs ;

Les membres du jury n'examineront pas leurs propres élèves ;

Les membres de l'Enseignement secondaire désignés comme examinateurs et ayant accepté cette fonction participeront au privilège de l'inamovibilité accordée aux professeurs de l'Enseignement supérieur.

II

Quant au livret scolaire, l'Assemblée s'est également déclarée favorable à son maintien ;

Mais elle a demandé qu'en aucun cas le livret ne dispensât tout ou partie de l'examen ;

Les livrets scolaires seront établis, à la fin de l'année scolaire, par la réunion générale des professeurs de la classe ;

Les chefs d'établissement qui auront altéré la sincérité des livrets scolaires, soit en dissimulant les places véritables obtenues par les élèves, soit en leur fournissant des places de fantaisie, soit par tout autre moyen frauduleux, seront traduits devant le Conseil académique du ressort. — L'interdiction à temps du droit de délivrer le livret scolaire pourra être prononcée contre eux.

III

Le Congrès s'occupe ensuite de la question si importante des *épreuves*.

Il est d'avis qu'il faut maintenir la division actuelle des épreuves en épreuves écrites et épreuves orales.

Il exprime, en outre, le vœu que le nombre des compositions écrites soit augmenté de manière à ce que, sur toutes les matières d'enseignement importantes, le candidat puisse être appelé à composer ; et que l'on multiplie les compositions écrites de façon à représenter, non toutes les branches de l'enseignement, mais du moins celles où l'élève prouve mieux sa force à l'écrit qu'à l'oral.

A ce moment, sur la proposition de MM. Malapert, Clerc, Dybowski, etc., l'Assemblée décide que, le Congrès se bornant à indiquer une direction et à poser des principes très généraux, elle renvoie à l'examen du prochain Congrès et des assemblées locales et régionales la question du détail des programmes et de la répartition des épreuves écrites et orales.

Les vœux suivants sont encore adoptés :

Qu'un candidat ne puisse être admissible ou reçu que s'il obtient, pour chaque épreuve, une note minima ;

Que le bénéfice de l'admissibilité soit maintenu seulement à condition que le candidat ait obtenu, dans l'ensemble des épreuves écrites et orales un certain nombre de points ;

Que l'admissibilité aux examens ne soit pas prolongée de Novembre à Juillet, mais seulement de Juillet à Novembre ;

Enfin que la session d'Octobre soit terminée avant la Toussaint.

Les débats ont pris fin à 6 heures 1/4. La prochaine séance fixée au samedi, 9 heures, sera consacrée à la constitution d'une Société de secours mutuels.

Durant une suspension de séance, M. Monin a proposé un banquet au Café Voltaire, le samedi, à 7 heures 1/2, pour « ne pas se retirer froidement. » Adopté avec empressement.

CASTEL, Secrétaire.

Procès-Verbal de la Séance du Samedi matin 24 Avril.

La Séance est ouverte à 9 heures, sous la présidence de M. Bourgoin, professeur au collège de Blois. Lecture est faite du procès-verbal dont les termes sont adoptés après une légère modification portant sur la rédaction d'un article.

M. Lecomte propose de voter des félicitation à M. Clairin, président de la Commission du Baccalauréat, pour la part importante qu'il a prise à la discussion de la dernière séance. M. Clairin déclare qu'il s'est seulement fait l'interprète des vœux de la Commission dont il a voulu reproduire le plus exactement possible les idées. Des félicitations unanimes sont votées à M. Clairin.

L'ordre du jour appelle la discussion du projet de constitution de la Société de secours mutuels.

M. Gendre a la parole pour la lecture du rapport fait au nom de la Commission.

Huit projets ont été soumis à la Commission, tous très sérieusement étudiés, mais dont l'examen détaillé n'a pu être abordé en séance.

Deux courants très distincts se sont dessinés, l'un nous portant à l'Assistance mutuelle, l'autre à l'Assurance mutuelle.

Un troisième système mixte, très fortement documenté, celui de M. Lebugeur, a surtout attiré l'attention de la Commission.

La Commission soumet à la discussion de l'Assemblée, les trois propositions suivantes:

1° Y a t-il lieu de créer une Société de secours mutuels entre professeurs de l'Enseignement secondaire ? Réponse : *oui*, à l'unanimité.

2° Devons-nous organiser dès maintenant à titre provisoire l'Assistance mutuelle seulement, jusqu'à la constitution de l'Association définitive ? Réponse : *oui*, à l'unanimité.

3° Devons-nous proposer au Congrès la nomination d'une Commission destinée à étudier, pour le Congrès prochain, les différentes combinaisons proposées ? Réponse : *oui*, à l'unanimité.

On décide de former séparément le Comité technique d'études et le Comité d'administration de la caisse de secours mutuels.

On fixe à 11 le nombre des membres dont se composera la Société d'études et à 7 celui des membres du Comité d'administration.

Ces chiffres sont adoptés. Les membres seront immédiatement désignés par l'Assemblée au scrutin de liste.

Le siège temporaire du Comité de la Société est fixé à l'unanimité à Paris.

A 10 heures 1/2, la séance est suspendue pour la préparation des listes.

Elle reprend à 11 heures, sous la présidence de M. Lecomte.

M. Plésent soumet au Congrès un certain nombre de propositions relatives à la constitution du prochain Congrès :

1° Le prochain Congrès se réunira à Pâques, en 1898, à Paris. — Voté à l'unanimité.

2° La préparation en est confiée à l'ensemble des Associations parisiennes, qui devront s'accorder dans le délai de trois mois pour la nomination du Comité organisateur. — Unanimité moins une voix.

3º En outre, le Comité élaborera le règlement des Congrès futurs qui sera soumis à la prochaine Assemblée. — Unanimité moins trois voix.

4º Il mettra à l'ordre du jour les vœux exprimés dans le présent Congrès et spécialement la question si importante du baccalauréat scientifique. — À l'unanimité.

On décide, en outre, que l'impression du rapport général du Congrès sera faite et que des exemplaires en seront distribués à toutes les Associations, aux délégués et aux adhérents.

M. Lacroix remplace M. Lecomte à la présidence. On reprend la discussion du projet de Société de secours mutuels. M. Malapert donne lecture de son projet réduit à quelques articles.

Les trois alinéas du premier article sont les suivants :

1º Il est fondé à titre temporaire, une Société d'Assistance mutuelle dans les lycées et collèges de garçons, dans le but de venir en aide à un sociétaire ou à sa famille, veuve, enfants, parents immédiats, dans le cas où la loi n'accorde que des secours insuffisants, et de leur donner un secours provisoire, dans le cas où les règlements en accordent, mais où l'obtention se fait attendre. — Cet alinéa est adopté à l'unanimité.

2º Ce secours est de droit. — Voté à l'unanimité.

3º La quotité de secours est laissée à l'appréciation du Comité.

A ce propos, on demande qu'il soit fixé un minimum et un maximum. On divise ainsi la question :

1º Doit-il y avoir un minimum ? — *Oui*, par 61 voix contre 41.

2º Quel sera-t-il ? 100 fr. ? — Adopté à l'unanimité.

3º Quel sera le maximum ? 500 fr ? — Adopté à l'unanimité moins 5.

Vu l'heure avancée, M. Malapert achève la lecture du premier article de son projet, dont la discussion est renvoyée à la séance du soir, 2 heures.

CHASSÉRIAUX, Secrétaire.

Procès-Verbal de la Séance du Samedi soir 24 Avril 1897.

La séance est ouverte sous la présidence de M. Baillet.

M. Malapert continue la lecture des statuts de l'Association (projet).

On procède ensuite à la nomination des 7 membres du Comité directeur.

Pendant que s'opère le dépouillement, la parole est donnée au Secrétaire pour la lecture du procès-verbal. M. Clairin voudrait qu'on ajoutât simplement, en ce qui concerne l'impression du rapport général, que des exemplaires en fussent envoyés à tous les collèges et lycées qui n'ont pas encore d'Association ou qui n'ont pas encore envoyé de délégués.

Une discussion s'engage sur l'article II du rapport Malapert.

M. Clairin propose la rédaction suivante : « Font partie de la Société sur leur demande tous les membres du personnel enseignant de l'enseignement secondaire public, en exercice dans les lycées et collèges de garçons, qui adhèreront aux présents statuts. »

Mise aux voix, cette rédaction est adoptée presque à l'unanimité.

M. Lehugeur insiste avec énergie pour que les proviseurs, censeurs, économes, soient admis dès cette année dans la Société de secours et dépose un amendement dans ce sens.

— 50 —

Mais le Président estimant que le vote est acquis, l'amendement n'est pas mis aux voix. — La cotisation de 6 fr. est adoptée à l'unanimité.

On donne alors le résultat du scrutin relatif à l'élection du Comité directeur.

Sont nommés : MM. Castelot, Lecomte, Mangin, Charpentier, Clairin, Jacquet, Windenberger, Sévrette.

Ces deux derniers ayant obtenu le même nombre de voix, M. Sévrette, plus âgé, est déclaré élu.

Il est procédé au dépouillement du scrutin pour la nomination du Comité d'études et en attendant le résultat, les articles 4, 5, 6, 7 et 8 du projet Malapert sont adoptés.

Le vote sur l'ensemble est porté à l'unanimité.

Il s'agit maintenant de nommer le rapporteur général du Congrès. Les deux noms de MM. Clairin et Rabaud sont mis en avant. Mais sur l'insistance de M. Clairin on nomme M. Rabaud, dont le zèle a contribué puissamment au succès du premier Congrès de professeurs.

M. Lecomte remplace M. Baillet à la présidence. Il propose à l'Assemblée de voter des remerciements à la presse, qui s'est montrée très sympathique à ces réunions.

Ces remerciements sont votés par acclamation.

Il est, en outre, décidé que M. Rabaud sera chargé de convoquer en temps opportun les lycées de Paris pour les réunions futures.

La séance se termine par le dépôt des propositions suivantes : 1° Le Congrès des professeurs de l'Enseignement secondaire prie M. le Ministre de l'Instruction publique de vouloir bien transmettre à titre de document à la Commission législative de la réforme des baccalauréats, l'extrait du procès-verbal de sa séance qui concerne cette question.

A ce procès-verbal, le Congrès ajoute le vœu suivant : « Considérant que l'organisation et la réforme des baccalauréats intéresse tous les devoirs publics dont ces diplômes donnent l'accès, le Congrès émet le vœu que la loi qui sera votée sur les baccalauréats soit aussi explicite et détaillée que possible, afin de réduire au minimum la part des règlements administratifs, ainsi que toute interprétation ultérieure, quelle qu'elle puisse être. »

2° L'Assemblée inscrit à l'ordre du jour du prochain Congrès la discussion d'un vœu relatif à la représentation des chargés de cours dans les Conseils universitaires. M. Lecomte cède alors la présidence à M. Lacroix. On proclame les noms des membres élus qui doivent composer la Commission d'études.

Sont nommés : MM. Malapert, Lehugeur, Plésent, Antomari, Monin, Gendre, Humbert, Morel, Barbier, Quignon, Clerc.

Sur la proposition du Président, on vote des remerciements à M. le Ministre de l'Instruction publique, dont la bienveillance a autorisé le Congrès, et au Comité parisien qui l'a organisé.

M. Lacroix prononce quelques paroles pour remercier tous ceux qui ont pris part au Congrès et constate que l'esprit de modération et de courtoisie n'a cessé de régner dans les délibérations.

La clôture du Congrès est déclarée.

CASTEL, CHASSÉRIAUX, Secrétaires.

RAPPORT

SUR LES

ASSOCIATIONS RÉGIONALES

Par **M. Plésent**, professeur de rhétorique au lycée de Bordeaux.

Messieurs et chers Collègues,

Sous le régime des Associations universitaires, tel qu'il résulte de la circulaire ministérielle du 30 janvier 1897, les groupements régionaux sont appelés à un rôle prépondérant. En l'absence d'une organisation centrale, c'est le seul moyen qui nous soit accordé d'introduire quelque méthode dans nos travaux et le minimum de cohésion nécessaire dans nos efforts. En facilitant l'échange des idées, en rendant nos relations plus régulières et plus fréquentes, les Associations régionales vont devenir comme les cellules vivantes de l'organisme universitaire : elles développeront l'esprit de solidarité sans nuire à l'esprit d'indépendance ; chargées de coordonner les aspirations des assemblées locales, elles élaboreront l'opinion collective du corps enseignant et prépareront la besogne des Congrès, qui, sans cet intermédiaire, risqueraient d'aboutir à l'impuissance par le morcellement et par l'anarchie. Nous avons l'occasion d'expérimenter la valeur d'un système qui n'a été vanté jusqu'ici que théoriquement : la décentralisation, si difficile à obtenir des pouvoirs constitués, à qui tout amoindrissement de leurs prérogatives traditionnelles paraîtra toujours une déchéance, nous est imposée à nous comme la condition de notre existence légale. Si nous voulons en tirer le meilleur parti possible, il nous paraît essentiel d'établir, dans cette organisation régionale une certaine uniformité. Notre premier Congrès a été trop rapidement préparé pour s'engager à fond dans l'étude des questions particulières ; mais il aura fait mieux que de résoudre quelques difficultés isolées, il aura aplani les difficultés à venir s'il nous donne une constitution régulière et une méthode de travail, s'il engage l'action collective et donne une forme concrète à des institutions qui n'existent encore que sur le papier.

***

Nature et objet des Associations régionales.

Avant de nous engager dans les questions de détail, il importe de préciser quels sont exactement la nature et le but des Associations que nous sommes appelés à fonder. L'un et l'autre sont clairement définis par la circulaire ministérielle du 30 Janvier 1897, qu'il ne sera pas inutile de relire en commençant ce travail, pour préciser nos idées.

Après avoir approuvé en principe la création d'une Société de Secours mutuels M. le Ministre ajoute :

> « Je seconderai de même toute demande présentée par les professeurs en vue de former des Sociétés locales ou régionales d'études, d'un caractère littéraire, scientifique ou pédagogique. — En outre, pour que le bénéfice de ces études puisse être à certains moments recueilli et mis en commun, je suis disposé à autoriser des Congrès, soit régionaux soit généraux, de professeurs de Lycées et Collèges, à la condition que l'ordre du jour en soit préalablement soumis au Ministre et que ces Congrès ne s'immiscent pas dans les actes de l'Administration ni dans la politique. »

Ce passage ne laisse place à aucune équivoque. Il indique très exactement ce que doivent être les Associations régionales, si elles veulent se constituer et fonctionner légalement, comme elles en ont la ferme résolution. Il nous a paru superflu de définir plus exactement ce qu'il faut entendre par « questions pédagogiques » : s'il arrive que nous soyons insuffisamment fixés sur l'étendue de nos droits, le rôle d'arbitre appartiendra forcément à l'autorité supérieure, qui reste juge et maîtresse de l'ordre du jour.

Nombre et limite des régions.

Ces principes arrêtés, notre premier soin devra être de délimiter les Associations régionales, d'en indiquer le nombre et le siège. Tout le monde convient qu'il n'est pas désirable de les multiplier outre mesure : ce serait compliquer la correspondance, éparpiller nos efforts et retomber dans l'incohérence d'où nous aspirons à sortir; du reste, un certain rayon d'action est nécessaire pour alimenter l'activité de chaque Association régionale et donner à ses travaux une matière suffisante. La Commission a été unanime sur ce point. — Les divergences commencent lorsqu'il s'agit de circonscrire les régions et d'adopter un mode de groupement des Associations locales : faut-il faire une Association par Académie ? Faut-il écarter absolument toute division administrative et s'en tenir à quatre grandes régions (les quatre points cardinaux) délimités d'office par le Congrès? Après une discussion des plus animées, l'un et l'autre système ont été repoussés impartialement à une très forte majorité : il nous a paru que le premier, entre autres inconvénients, morcellerait outre mesure l'activité collective; il nous a semblé que le second, malgré ce qu'il a de séduisant et peut-être justement pour cette raison, n'avait aucune chance d'être agréé par l'autorité supérieure, qu'il comportait d'ailleurs un sectionnement arbitraire et soulevait toutes sortes de difficultés d'application. Le cadre des Académies existe, il s'impose; nous pouvons parfaitement l'utiliser, comme l'ont déjà fait nos collègues de Montpellier et de Marseille, à condition de réunir plusieurs Académies en une seule région, dont le centre pourrait se déplacer, tout en restant fixé pour une période suffisamment longue. Ce mode de groupement a rallié la presque unanimité des suffrages : il est également éloigné de la dispersion excessive et de la centralisation compromettante; il concilie la stabilité nécessaire des cadres avec une certaine élasticité qui sera une garantie d'indépendance pour les Associations locales. Les frontières étant nettes, il n'y a pas à craindre de dislocation; le centre étant variable, la direction du mouvement ira d'elle-même aux plus actifs et aux plus sages, à ceux qui sauront s'imposer par leur dévouement à la cause commune et par la valeur pratique de leurs idées. L'attirance des grandes villes, la supériorité de leurs ressources et l'importance de leur personnel universitaire leur assureraient la plupart du temps une suprématie bien naturelle ; mais nous envisageons sans aucune répugnance le cas où le centre de l'Association régionale ne serait pas au chef-lieu d'une Académie; nous y voyons au contraire un gage d'émulation et de renouvellement.

La seule objection sérieuse à ce mode de groupement serait l'inégalité des ressorts Académiques. Il pourrait en résulter une rupture d'équilibre au détriment des Associations de l'Est et du Nord. Mais il est facile d'y remédier en réunissant tantôt deux tantôt trois Académies, selon l'importance du ressort, la situation géographique et le plus ou moins de facilité des communications. Par exemple Chambéry et Grenoble se grouperaient avec Lyon, Dijon avec Besançon et Nancy. Alger serait le centre tout indiqué d'une Association coloniale. Au total huit régions, sensiblement équivalentes, qu'il appartient au Congrès de désigner et de circonscrire séance tenante et pour une période déterminée (1) ; les Associations seraient invitées à se constituer, à rédiger elles-mêmes leurs statuts et à les faire agréer par M. le Ministre avant les grandes vacances.

Là s'arrêtent, à vrai dire, les attributions du Congrès. Si nous voulons éviter que l'autonomie des Associations régionales ne soit qu'un vain simulacre, il convient de respecter leur droit d'initiative et de laisser à chacune la plus grande latitude possible pour se constituer à son gré. Néanmoins, dans la mesure où une certaine unité d'inspiration est nécessaire au développement de la solidarité et à la préparation du Congrès général, il nous semble utile de se mettre d'accord sur quelques principes essentiels.

****

Mode de recrutement.

Le recrutement des Associations régionales ne paraît pas soulever de difficultés sérieuses : tout le monde est d'accord pour les *ouvrir* largement à tous les professeurs de l'Enseignement secondaire public, qu'ils soient en exercice, en congé soumis à la retenue ou à la retraite. En ce qui concerne ces derniers, il peut y avoir dans certains cas un avantage appréciable à s'assurer le concours d'anciens collègues ayant pour eux l'autorité de l'âge et de l'expérience, le prestige d'une carrière bien remplie et la libre disposition de leur temps. En conséquence, la double règle suivante a été adoptée par la Commission :

Sont membres des Associations régionales :

1º Les professeurs en exercice, en congé soumis à la retenue ou à la retraite faisant déjà partie d'une Association locale de la région ;

2º Dans les mêmes conditions, les professeurs isolés qui en feront par écrit la demande.

L'adjonction de membres honoraires à des conditions et dans la forme fixées par le règlement régional ne nous paraît pas moins désirable. Les Associations, comme les individus doivent avoir leurs relations et leurs aboutissants. L'isolement serait de leur part un mauvais calcul. Elles doivent, au contraire s'efforcer de rayonner autour d'elles et d'intéresser à leur cause tous ceux qui sont en mesure de l'honorer et de la servir. La présence de nombreux amis à leurs réunions ou dans leurs banquets donnerait la mesure de leur influence et de leurs moyens d'action.

Direction et Administration de l'Association régionale.

LE COMITÉ.

La direction de chaque Association régionale sera confiée à un Comité qui devra être, autant que possible, distinct du bureau de l'Association

(1). Le groupement proposé par la Commission est le suivant ·

Régions.	Académies.	Régions.	Académies.
PREMIÈRE......	Lille-Paris.	CINQUIÈME..	Aix-Montpellier.
DEUXIÈME......	Caen-Rennes.	SIXIÈME ...	Chambéry-Grenoble-Lyon.
TROISIÈME	Clermont-Poitiers.	SEPTIÈME..	Besançon-Dijon-Nancy.
QUATRIÈME.....	Bordeaux-Toulouse.	HUITIÈME..	Alger (Colonies).

Cette répartition ayant été discutée et approuvée par le Congrès à une très forte majorité, nos collègues comprendront les inconvénients qu'il y aurait à la modifier après coup, au risque de tout remettre en question et de disloquer l'ensemble du système.

locale. Je dis autant que possible, parce qu'il pourra se faire qu'un établissement de médiocre importance, devenu pour quelque temps le centre de la vie sociale, ne puisse trouver dans un personnel restreint les éléments d'une double re. ..ésentation. En règle générale, néanmoins, ce cumul ne nous paraît pas désirable : outre que ces deux fonctions parallèles ne pourraient manquer de se nuire l'une à l'autre, un tel mélange d'attributions serait de nature à compromettre l'autonomie de l'Association locale.

Le nombre des membres du Comité et la durée de leurs pouvoirs peuvent varier sans inconvénients d'une Association à l'autre ; mais il est important de s'entendre sur le mode d'élection, si l'on veut obtenir une représentation suffisamment homogène. La combinaison la plus rationnelle est celle de l'élection à deux degrés : un premier scrutin désigne l'établissement appelé à être pour un temps donné le siège de l'Association régionale et les professeurs de cet établissement élisent parmi eux les membres du Comité. Cette combinaison a pour elle son extrême simplicité et une expérience antérieure. La Commission ne l'a adoptée toutefois qu'avec un correctif : elle a tenu à réserver dans le Comité un certain nombre de places aux sections locales du ressort ; seul un bureau, constituant d'ailleurs la majorité, serait en permanence au siège de l'Association ; il serait chargé de la besogne courante et ne convoquerait l'ensemble du Comité qu'à titre exceptionnel ou pour certaines réunions périodiques. Ce régime a l'avantage d'associer plus étroitement les groupes locaux à l'œuvre commune, il est de nature à combattre l'indifférence et à permettre un contrôle plus régulier. Nous croyons devoir le recommander à celles des Associations qui voudraient en faire l'expérience.

La solidarité vit de tradition : nous serions en conflit avec le principe même de notre institution si nous ne cherchions à éviter la trop grande instabilité des fonctions électives et l'éternel recommencement des périodes d'apprentissage, rendant impossible toute œuvre de longue haleine. Pour échapper à ce danger, il ne suffit pas que nos élus soient rééligibles ; en adoptant pour les Comités régionaux le principe du *renouvellement partiel*, nous nous donnerions une garantie de plus. Le Comité renouvelé recevrait de ses membres les plus anciens l'héritage de l'expérience acquise, bien des tâtonnements seraient évités et un certain esprit de suite subsisterait à travers les changements nécessaires.

*
* *

Fonctionnement de l'Association.

Les Associations régionales ainsi constituées et pourvues de tous leurs organes essentiels, il appartient au Congrès d'arrêter la méthode collective de leurs travaux. Nous distinguerons les deux modes d'action qui répondent au double rôle des Associations projetées : *l'action régionale* et *l'action générale*.

1° ACTION RÉGIONALE. *(Congrès régional.)*

L'action régionale sera organisée en détail par le règlement intérieur des Comités, dont il faut leur laisser la rédaction et la responsabilité. Nous n'avons à nous occuper ici que des Congrès. — La circulaire du 30 Janvier 1897 autorise en effet des « Congrès régionaux ayant un caractère littéraire, scientifique ou pédagogique. » Si les Congrès régionaux sont annuels, il conviendra d'en régler la date sur celle du Congrès général dont ils sont, dans une certaine mesure, la préparation. Cette date sera fixée par le Comité, d'accord avec les Associations locales, et l'ordre du jour, préalablement soumis à l'autorité supérieure, devra être publié assez longtemps à l'avance pour qu'il soit loisible à chacun de l'étudier. Il comprendra : 1º le compte rendu de la gestion morale et matérielle du Comité ou des Comités régionaux depuis le dernier Congrès ; 2º des questions locales ; 3º des questions d'ordre général. Le vote par correspondance sera admis. Pour tous les autres détails d'organisation, il suffira de se reporter au règlement en vigueur pour les Congrès généraux.

Nous nous sommes placés jusqu'ici dans l'hypothèse où ces réunions seraient périodiques ou annuelles. Mais les avantages de ce système sont contestables: multiplier les convocations, n'est-ce pas multiplier d'autant les occasions de dépense et faire peut-être double emploi avec le Congrès général ? La plupart des questions peu urgentes, d'un intérêt limité et d'un caractère local, peuvent être négociées par correspondance. Sur ce point encore, il est bon de laisser aux Comités une certaine latitude : à eux de décider si le Congrès régional doit être annuel et régulier ou s'il sera convoqué à des intervalles variables toutes les fois que le besoin s'en fera sentir et après entente préalable avec les groupes locaux.

Bulletin régional.

Il est indispensable que chaque Association régionale rédige un bulletin de ses actes et de ses travaux. Une société d'études sans publicité serait un non-sens ; avec les comptes rendus de nos Congrès généraux, ces bulletins seront les organes officiels de notre propagande, les vivants témoins de notre solidarité et de notre activité intellectuelle.

2º ACTION GÉNÉRALE. (Congrès général.)

Quant à l'action générale des Comités régionaux, elle se réduit presque entièrement à la préparation du grand Congrès. Mais l'importance de cette collaboration ne saurait échapper à personne. En conséquence, le Président de chaque Association régionale est de droit membre du Congrès, sans préjudice de la représentation locale de l'établissement auquel il appartient. Sans jouir de prérogatives spéciales, il ne peut manquer de jouer à l'Assemblée un rôle important ; sa présence est obligatoire et en cas d'absence, motivée par des raisons de force majeure, il est tenu de se faire représenter. C'est le Comité régional qui se met en rapport avec la Commission chargée de préparer le Congrès ; il lui transmet les cotisations régionales, fait parvenir les convocations, assure l'étude des questions à l'ordre du jour, centralise les rapports, sert en un mot d'intermédiaire, dans la plus large mesure, entre la Commission et les établissements isolés.

Ici se présente une difficulté de procédure sur laquelle vous nous permettrez d'appeler votre attention : pour la confection de l'ordre du jour du Congrès, c'est-à-dire pour le choix des questions qui devront y être discutées, le droit d'initiative appartient nécessairement aux Associations locales et régionales, en même temps qu'au Comité organisateur. Mais par quelle voie la proposition partie de la plus modeste Association locale parviendra-t-elle jusqu'à la Commission du Congrès, à qui appartient le rôle d'arbitre ? La Commission, de son côté, correspondra-t-elle directement avec les établissements isolés ou devra-t-elle s'adresser à eux par l'entremise des Comités régionaux ? La première procédure est, sans doute, plus libérale ; est-elle facilement applicable ? Ne risque-t-elle pas, en développant outre mesure la correspondance, de compliquer la tâche déjà lourde de la Commission ? Il semble donc que, sauf un petit nombre de cas urgents, il y ait avantage à suivre l'autre méthode et à simplifier le travail en le divisant (1). Au surplus, tout s'arrangera sans doute dans la pratique ; à trop vouloir réglementer, nous finirions par sortir de notre rôle. N'étant pas une administration, nous n'avons ni le droit ni le désir d'en contrefaire les allures.

*
* *

Budget de l'Association régionale.

Ma tâche sera terminée quand j'aurai dit un mot de la question financière. Le budget d'une simple Société d'études ne doit pas être chose fort compliquée et nous ne trouverons pas ici les problèmes épineux qui se posent à propos d'une Mutualité. Le sujet, néanmoins, ne saurait être traité isolément, car le budget d'une Association régionale doit être réglé, à la fois sur les charges qui lui incombent et sur les ressources générales de la communauté. La question est double : 1o quel sera le chiffre total de la cotisation versée par chaque membre associé ? 2o dans quelles proportions cette somme sera-t-elle répartie entre les deux principales fonctions de la vie sociale : Associations générales, Congrès généraux ? Nous n'avons pas à nous préoccuper des Associations locales qui sont libres de fixer à leur gré leur cotisation.

Il importe avant tout de ne pas perdre de vue que le budget de la Mutualité, celui des groupes locaux et celui des Associations régionales, quoique indépendants, sont forcément limités l'un par l'autre. La cotisation devra être calculée en conséquence et arrêtée à un chiffre aussi modéré que possible. Nous vous proposons de la fixer à 2 fr., dont 1 fr. 50 c. reviendraient à la caisse régionale et 50 c. au Congrès. Ce dernier versement paraîtra peut-être minime à quelques-uns; en réalité, se multipliant par le nombre total des associés, il constituera un budget plus que suffisant pour la mission restreinte et strictement définie du Congrès. Au contraire les groupes régionaux, ayant moins de membres, ont droit à une cotisation plus forte. On peut poser en loi générale que le chiffre de la cotisation est inversement proportionnel au nombre des associés et directement proportionnel aux charges de l'Association. Le chiffre de 1 fr. 50 pour les groupements régionaux qui compteront plusieurs centaines de membres, nous semble réaliser suffisamment ces deux conditions.

Questions accessoires.

Pour le surplus, les statuts des Associations régionales se conformeront aux règles consacrées de toutes les institutions analogues.

Tout associé qui, à plusieurs reprises, aura négligé d'acquitter sa cotisation sera considéré comme démissionnaire.

La polémique politique ou religieuse et, en général, toutes les questions étrangères à l'objet direct et avéré de l'Association sont rigoureusement interdites.

(1). Voici la procédure adoptée par l'Assemblée, à la suite d'un amendement déposé par M. Malapert et modifiant les conclusions du présent rapport :

« Les Associations locales communiquent avec la Commission organisatrice du Congrès, soit directement soit par l'intermédiaire de l'Association régionale. » Tel est le texte accepté et voté.

.*.

Il nous reste à souhaiter aux Associations régionales quelque chose qu'on ne crée pas avec des règlements et qui est l'âme de toute entreprise généreuse : l'esprit de confraternité, l'ardeur au travail, la foi dans la bonté de leur œuvre et cette sorte d'ambition désintéressée qu'on peut appeler le prosélytysme professionnel. — Ce qu'on a tenté de faire pour l'Enseignement supérieur, nous le réaliserons ainsi dans notre sphère : nous aurons nos Universités régionales, vivant d'une vie distincte mais harmonique, creusets où s'élaborera l'idée commune et d'où se dégagera insensiblement la moyenne de l'expérience collective. L'opinion universitaire ne sera plus un vain mot, une sorte d'entité confuse et incohérente, mais une force disciplinée, consciente d'elle-même et d'autant plus respectée qu'elle saura toujours mettre de son côté les avantages de la légalité et de la modération.

Ch. PLÉSENT.

RAPPORT

PRÉSENTÉ

AU NOM DE LA COMMISSION DU BACCALAURÉAT

Par **M. Chassériaux**, professeur de philosophie au collège de Vannes.

Messieurs,

Dans sa séance de l'après-midi du 22 Avril, ouverte à 2 heures et close à 6 heures, la Commission du baccalauréat a nommé pour son Président M. Clairin et pour rapporteur M. Chassériaux.

La première question soumise à la discussion est celle de la suppression ou du maintien du baccalauréat.

Les principaux arguments invoqués en faveur du maintien, ont été les suivants : si on supprimait le baccalauréat, il faudrait le remplacer par un certificat de scolarité, délivré par les établissements d'enseignement secondaire, et ce certificat ne donnerait pas aux Universités les garanties qu'elles croient avoir avec le baccalauréat actuel. Cette suppression diminuerait la population de nos collèges et lycées, au profit des établissements religieux et libres.

Il y a un certain nombre d'administrations, telles que celle du Ministère de la guerre, qui exigent des candidats qui se présentent chez elles la possession du diplôme de bachelier. Ces administrations seraient très surprises si l'Université déclarait qu'elle ne délivre plus ce diplôme, sanction finale des études secondaires.

Le principe du maintien du baccalauréat est voté à l'unanimité des voix, moins une.

La question examinée ensuite, est celle de la réforme du baccalauréat. Différents membres développent cette pensée que le système actuel est mauvais (1) : les professeurs sont gênés par les programmes. Il serait désirable de demander qu'il y eût deux choses : un programme d'études et un programme d'examen. L'examen final, qui pourrait se passer en dehors des lycées, porterait sur un certain nombre de points déterminés.

Le Président propose de sérier ainsi les projets relatifs à l'amélioration du baccalauréat.

1° Composition du jury ; 2° Livret scolaire ; 3° Nature des épreuves. Cet ordre est adopté.

*
* *

Relativement à la composition du jury, voici les principales objections faites. Le règlement actuel remet l'examen au personnel de facultés, auquel on adjoint accidentellement des membres de l'Enseignement secondaire.

Or certains professeurs et maîtres de conférence, membres de ce jury, n'ont jamais fait partie du personnel de l'Enseignement secondaire.

Il n'y a donc pas toujours adaptation exacte des questions posées par le jury au programme des lycées et collèges ; il n'y a pas toujours chez les examinateurs, connaissance suffisante des nécessités de l'enseignement secondaire. Voilà pourquoi il a semblé qu'il conviendrait de remplacer le jury de faculté par un jury composé de professeurs de lycées et collèges.

Pour obtenir l'impartialité de ce nouveau jury, on ferait corriger les copies des élèves d'une académie, par les professeurs d'une autre académie.

D'ailleurs, dans l'enseignement primaire, pour le brevet supérieur et dans les lycées de jeunes filles, les élèves sont examinés par leurs professeurs.

En outre, le jury de l'enseignement moderne est soumis à des conditions spéciales : sur cinq examinateurs pour la seconde moderne, il y a trois professeurs de lycées et deux de faculté. C'est un précédent que nous ne devons pas laisser de côté.

On objecte au système d'une Commission de professeurs de l'Enseignement secondaire, présidée par un professeur de faculté que, dans un jury, tous les juges doivent être égaux et on propose le système suivant : le Ministre établirait une liste assez longue de professeurs examinateurs et, pour éviter la pression du public, choisirait au moment voulu, dans cette liste, les membres de la Commission d'examen, cette Commission pourrait encore être nommée par voix de tirage au sort.

Le Président met aux voix les questions suivantes :

1° Le jury comprendra-t-il des membres enseignants de l'Enseignement secondaire public, en exercice ? — On vote *oui* à l'unanimité.

2° Les membres de ce jury seront-ils exclusivement des agrégés ? — On vote *non*, à une forte majorité.

3° Devons-nous demander qu'il y ait dans le jury un professeur titulaire de faculté ? — *Oui* à la majorité de 23 voix contre 15.

Un amendement est déposé : chaque jury comprendra un représentant de l'enseignement libre, nommé par le Ministre. — Cet amendement est repoussé à une très forte majorité.

On a craint que les professeurs membres de jury ne fussent attaqués par suite d'influences locales, et on a voulu assurer leur entière indépendance

(1). Voir *Enquêtes*, t. XVIII, p. 181 : « Le baccalauréat, constitué tel qu'il est, est mauvais pour les études secondaires, » Opinion de M. Dejean, professeur au lycée de Carcassonne, aujourd'hui député des Landes.

par la proposition suivante : les membres de l'Enseignement secondaire, désignés comme examinateurs et ayant accepté cette fonction, participent au privilège d'inamovibilité des professeurs de l'enseignement supérieur.

Il est admis que les noms des candidats ne seront pas connus des examinateurs, et que les professeurs membres du jury n'examineraient pas leurs élèves.

Quant aux questions de détail : lieu où siègera le jury, — jurys de départements — jurys interacadémiques — indemnité à accorder aux examinateurs, etc., la Commission décide de renvoyer ces questions aux règlements d'administration.

*
* *

On arrive à la discussion du livret scolaire. — Il est maintenu à l'unanimité.

On décide à une majorité très forte qu'en aucun cas le livret scolaire ne dispensera de passer tout ou partie de l'examen.

Le principe du livret scolaire obligatoire est au contraire repoussé à une très forte majorité, l'un de nous ayant fait observer qu'il n'est pas nécessaire aux candidats d'appartenir à un établissement pour se présenter au baccalauréat.

La motion tendant à ce que le livret scolaire soit transmis directement des mains du chef de l'établissement au jury d'examen est également repoussée.

On vote enfin que les diverses notes du livret scolaire seront établies à la fin de l'année scolaire par la réunion générale des professeurs de la classe de l'élève sous la présidence du principal ou du proviseur.

*
* *

La dernière question de l'ordre du jour : nature des épreuves du baccalauréat, est maintenant abordée et donne lieu à une très longue discussion.

La nécessité d'épreuves doubles, écrites et orales, est généralement reconnue.

Le rétablissement du thème de langues vivantes, à l'écrit, est vigoureusement demandé.

On insiste beaucoup sur l'importance de l'écrit en général mais aussi sur l'importance particulière de l'oral des sciences et de l'oral d'histoire et de géographie.

Étant donné que la multiplicité et la diversité des baccalauréats actuels rend impossible une réglementation uniforme, la Commission n'a pas voulu se perdre dans le détail des épreuves qui conviendraient le mieux à chaque baccalauréat. Mais elle a fait connaître ses intentions en votant la proposition suivante :

Qu'on multiplie les compositions écrites, de manière à représenter non toutes les branches de l'enseignement, mais du moins celles où l'élève prouve mieux sa force à l'écrit qu'à l'oral.

Il serait bon d'établir au baccalauréat de rhétorique (outre les compositions déjà existantes), une composition écrite de langues vivantes et une composition littéraire, comportant quelques lignes de thème latin et de version grecque faciles.

Le projet de compositions sur des matières fixées et tirées au sort par le jury, est combattu comme augmentant considérablement l'aléa de l'examen.

Votre Commission émet ensuite le vœu : 1° que le bénéfice de l'admissibilité soit maintenu, à la condition que le candidat ait obtenu, dans l'ensemble des épreuves écrites et orales, un minimum de points, et que d'une manière générale, un candidat ne puisse être admissible ou reçu que s'il obtient, pour chaque épreuve, une note minima ; 2° que le bénéfice de l'admissibilité ne soit maintenu que pour la session suivante.

L'amendement tendant à ce que, dans l'intérêt des études, l'admissibilité ne soit pas prolongée de novembre à juillet suivant, mais maintenue seulement de juillet à novembre est adopté à une faible majorité.

L'ordre du jour étant épuisé, votre Commission a mis à l'ordre du jour du prochain Congrès la demande faite par l'un de nos collègues, et fortement appuyée, du rétablissement de l'ancien baccalauréat ès sciences avec faculté de bifurquer à partir de la troisième, ainsi que la demande de l'allègement général des programmes du baccalauréat.

CHASSÉRIAUX.

RAPPORT

PRÉSENTÉ AU CONGRÈS

AU NOM DE LA COMMISSION DES SECOURS MUTUELS

Par M. Gendre, professeur au collège d'Auxerre.

Messieurs,

La Commission chargée de préparer l'organisation de la Société de Secours mutuels s'est réunie, le jeudi 21 Avril 1897, sous la présidence de M. Charpentier, professeur au lycée Louis-le-Grand.

Son premier acte a été de proclamer, à l'unanimité, l'utilité et même l'urgence de l'institution projetée. Elle a dès lors passé à l'étude des voies et moyens.

Ici, Messieurs, la Commission s'est vue légèrement embarrassée. Elle s'est trouvée en présence de huit projets, pour le moins ; les uns émanant de l'initiative personnelle, les autres étant plutôt l'œuvre d'une collectivité, tous ayant été sérieusement étudiés. La Commission a jugé qu'il lui était impossible, en une séance, de discuter en détail chacune des propositions ; elle a donc invité les auteurs à développer les grandes lignes de leurs projets, à mettre en lumière les principes qui les avaient guidés, à donner simplement, en un mot, l'économie de leur système.

Chaque orateur expose alors son projet, le rôle de l'assistance se bornant à un très court échange d'observations.

Au cours de cet exposé et de cette discussion extrêmement sommaire, nous avons eu le plaisir de voir surgir, parfois sur un point de détail, plus d'une idée ingénieuse, plus d'un aperçu lumineux qui nous guidera dans l'œuvre à accomplir. C'est ainsi, Messieurs, que notre collègue de Charleville a sagement fait remarquer que nous devions fixer très bas le minimum de la somme à allouer à chaque participant ou à sa famille, la loi obligeant tous les adhérents d'une mutualité à parfaire la somme, au cas toujours possible où la Société se trouverait hors d'état de faire face aux engagements pris. — C'est ainsi encore, Messieurs qu'à propos du projet de nos collègues de Commercy, si simple, si séduisant à première vue (tout adhérent verse 1 franc à la veuve, au décès de chaque sociétaire),

M. Leconte nous a donné lecture d'une communication que le Ministère de l'Instruction publique a eu la bienveillance de nous faire et de laquelle il résulte qu'en 1896 sont morts 65 professeurs, classés, sans parler de quelques professeurs morts en congé d'inactivité, et encore le communiqué du ministère se termine par cette remarque douloureusement significative qu'en 1896 l'état sanitaire général a été exceptionnellement satisfaisant.

J'arrive au fond même de la question. Après avoir entendu les divers projets, la Commission a eu l'impression nette que deux courants se manifestaient, très vifs, indépendants l'un de l'autre, le premier qui nous porte à *l'assistance* mutuelle, le second à *l'assurance* mutuelle.

L'assistance mutuelle, c'est le secours accordé au collègue frappé par la maladie et, s'il meurt, à sa famille. Mais ici encore, Messieurs, la question n'est simple qu'en apparence. Ce secours que vous voulez accorder, chaque sociétaire aura-t-il le droit de l'exiger ou bien vous réservez-vous la faculté de ne l'accorder qu'aux situations dignes d'intérêt ? — Verserez-vous à tous la même somme, ou donnerez-vous davantage aux plus éprouvés ? Ce secours sera-t-il fait au malade, à la veuve ou à la famille en général ? — car enfin, Messieurs, un de nos collègues qui ne veut décourager personne, qui a recherché plus spécialement les moyens d'attirer les célibataires dans notre Association, a proposé à votre Commission — laquelle a montré beaucoup de sympathie pour la proposition — de verser le secours même aux ascendants qu'un jeune homme peut très bien avoir à sa charge. — Puis, Messieurs, ce secours pourra-t-il être donné parfois à titre de prêt ou sera-t-il toujours et forcément un don gratuit ? — Enfin, votre action se bornera-t-elle à un secours pécuniaire ou bien vous ferez-vous le tuteur moral des orphelins et des infortunés ?

La Commission a laissé au Congrès le soin de trancher toutes ces questions.

Voilà, Messieurs, le premier courant, tel qu'il se manifeste dans les projets de Guéret, d'Aix, de la Roche-sur-Yon, de Charleville et surtout dans ceux de MM. Rogery et Morel, de Lakanal, et de M. Lacroix, notre honorable et dévoué Président.

La question de l'assurance est plus complexe que celle de l'assistance. Tous les systèmes ont été mis en avant, à commencer par celui qui ferait de notre Association une Compagnie d'assurance sur la vie dont nous serions à la fois les actionnaires, les assurés et les assureurs ; pas d'agents, pas de réclame, pas de frais généraux, — à continuer par toutes les combinaisons possibles : assurance vie entière (j'emprunte les termes mêmes d'un des auteurs de projets), assurance mixte, assurance à terme fixe, rente viagère, à capital aliéné ou à capital réservé. — Vous voyez qu'il ne serait pas très équitable d'accuser nos collègues d'être venus au Congrès en quelque sorte à l'improviste et sans idées arrêtées.

Il était dans l'ordre des choses que les deux courants se réunissent à un moment donné. De là un troisième système qui essaye de combiner les avantages des deux précédents. Ici, Messieurs, la Commission s'est trouvée en présence d'un projet extrêmement remarquable, fruit de longues années d'étude, de méditation et de calcul, qui a été accueilli par les applaudissements unanimes de l'assemblée et sur lequel je vous demanderai la permission de m'étendre un peu plus longuement. Je veux parler du projet de M. Lebugeur, notre collègue du lycée Henri IV. Et pourtant l'exposer, même succinctement, c'est pour le rapporteur une lourde tâche, et il serait à désirer, c'est le vœu qui a été émis par plusieurs membres de votre Commission, qu'on pût l'envoyer, imprimé, à chaque établissement qui le méditerait à loisir. J'ai peur que ma traduction ne soit une trahison. Le projet de M. Lehugeur repose sur une double base; la loi d'Avril 1893, qui règle la situation des veuves quant à la retraite — et cette vérité incontestable que c'est dans la première partie de sa carrière, au moment où le traitement est minime et les enfants en bas âge, que la veuve a le plus besoin d'assistance. Dès lors, et jusqu'à quarante-cinq ans, les parts d'assuré vont croissant de 200 fr. seulement la première année, — afin d'éviter les assurances in extremis; 400 fr. la deuxième année, 800 fr. la troisième et ainsi de 400 en 400 fr. jusqu'à 8,000 fr. Puis, à partir de quarante-cinq ans, moment où l'on peut avoir quelques économies, où peut-être on a recueilli des biens de famille et où d'ailleurs la veuve a droit à une petite pension de l'Etat, les parts vont décroissant de 4,000 à 1.200 fr. A soixante ans, âge où la retraite est acquise intégralement, les secours cessent. M. Lehugeur paraît avoir tout prévu, même les cas de mortalité exceptionnelle résultant d'une épidémie ou du fait de guerre; il a compulsé les tables des Compagnies d'assurance, pris une à une les promotions d'école normale et vérifié son système sur chacune d'elles, et il est en mesure de nous dire quelle somme nous toucherons à 59 ans, 11 mois, 29 jours. — Enfin il fonde une Caisse de secours, — ici nous rentrons dans le premier courant, — qui peut, soit augmenter l'action bienfaisante de l'association, soit compenser l'insuffisance momentanée des ressources de l'assurance mutuelle. Mais, — il y a un gros mais, — la cotisation annuelle est de 60 fr., avec 20 fr. de droit d'entrée. Je sais bien que dans certaines années, exceptionnellement favorables, on peut rentrer dans la presque totalité des versements effectués, que c'est plutôt une part d'assurance qu'une cotisation... mais c'est une cotisation tout de même. M. Lehugeur a d'ailleurs déclaré qu'il était tout prêt à diminuer le taux du versement de moitié ou plus encore, avec avantages réduits naturellement d'autant; son système reste entier, quelle que soit l'annuité versée.

Vous comprenez, Messieurs, quel a dû être l'embarras de la Commission en présence de si nombreux et si intéressants projets. Le mot de la situation a été dit par l'un de nous : il est impossible de fonder un édifice pareil en trois jours. Emprunter les fondations de l'un, les murs de l'autre, la charpente d'un troisième, c'était se condamner à l'insuccès, à la catastrophe.

Mais votre Commission, partant de ce principe fécond que nous devons dès cette année faire œuvre utile, positive, a décidé de prendre immédiatement ce qui est immédiatement réalisable, de mettre à l'étude pour le prochain Congrès ce qui mérite, à tant de titres, d'être mûrement étudié. En conséquence, les trois propositions suivantes ont été soumises par le Président au vote de l'assemblée : 1° Devons-nous organiser, dès cette année, l'assistance mutuelle seulement. — *Rép.* Oui, à l'unanimité. (Restera à examiner le fonctionnement de cette association, si le Congrès adopte cet avis). 2° Devons-nous proposer au Congrès la nomination d'une Commission qui étudierait pour l'an prochain, soit la constitution d'une assurance mutuelle, soit la combinaison des deux systèmes d'assistance et d'assurance. — *Rép.* Oui, à l'unanimité. 3° Quelle sera la cotisation à verser dès cette année par chaque adhérent. A une forte majorité, la Commission a adopté le chiffre de 6 fr.

La Commission soumet ses décisions à la ratification du Congrès, s'il y a lieu.

A. GENDRE.

BUDGET DU CONGRÈS

Recettes.

Cotisations de lycées de Paris.....................fr.	144	60
Cotisations recueillies à Bordeaux..................	100	»
Total.................	244	60

Dépenses.

Frais de correspondance........................fr.	56	20
Fournitures de bureau pour le Congrès (Facture Hachette).	22	05
Impression de circulaires...........................	100	»
Gratifications aux appariteurs et au concierge de la Faculté de Droit...	60	»
Total.................	238	25

En caisse après le Congrès : 244 fr. 60 — 238 fr. 25 = 6 fr. 35.

Cette somme de 6 fr. 35 a été employée à des frais divers de correspondance après le Congrès. L'impression du rapport sera payée par le reste des cotisations recueillies à Bordeaux avant le Congrès.

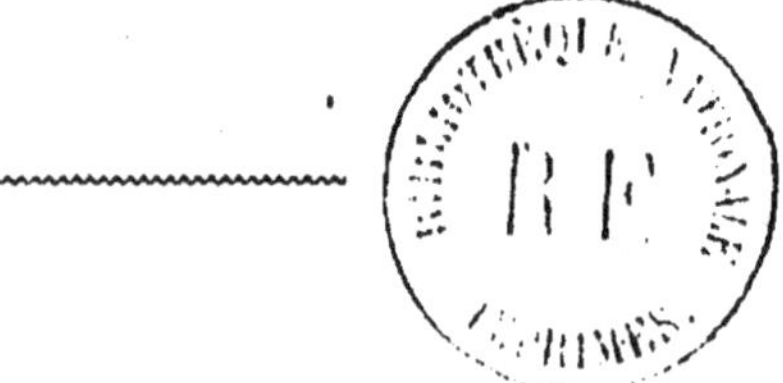

ERRATA

Page 7, ligne 6, lire : *ne tardèrent pas à collaborer avec eux* au lieu de *ne tardèrent à collaborer avec eux.*

Page 8, ligne 7, lire : *On se proposa donc* au lieu de *On proposa donc.*

Page 22, ligne 3 de la note 3, lire : *défenseurs naturels* au lieu de *défenseurs mutuels.*

Page 27, 3ᵐᵉ alinéa, après les mots : *que le thème écrit de langues vivantes soit rétabli,* ajouter cette phrase :

M. Crouzet et les professeurs d'Auch désirent que la version soit accompagnée d'un commentaire littéral et littéraire, que le devoir français soit destiné avant tout à montrer que les élèves possèdent l'art de la composition et du développement et que « sans exclure les autres genres de sujets on donne une place prépondérante au discours français traitant des lieux communs renouvelés par la science. »

TABLE DES MATIÈRES

MONTMORENCY. — IMPRIMERIE L. GAUBERT.

MONTMORENCY. — IMPRIMERIE L. GAUBERT.